Christine Casapicola

Nächstes Jahr im Küstenland

Braitan

ISBN 978-88-86950-17-6

Erhältlich unter info@braitan.at

Grafikdesign: Johannes Steffel
Druck: Poligrafiche San Marco di Cormons (GO)

Inhalt

Vorwort

Als Österreich noch am Meer lag, bedeutete die Erklärung »Wir sind Österreicher« etwas ganz anderes als heute. Gemeint war damit keine Staats-, sondern eine Vielvölkerstaatsangehörigkeit, es war dies keine Nationalitätsangabe, es war einfach das Gefühl, zusammenzugehören. Das ist ein längst vergessener Zustand. Im gerade vergangenen Jahrhundert der Nationen-Fanatiker sozusagen das Unerwünschteste.

Österreich ohne Küstenland ist seit bald hundert Jahren kein richtiges oder wahres Österreich mehr. Oder umgekehrt: Auch das Küstenland ist lang nicht mehr das, was es einmal war, vor allem seit Görz nicht mehr dessen Mittelpunkt ist. Es wurde zu einem nicht sehr bedeutetenden Städtchen an der Grenze degradiert.

Kein Kronland, keine Provinz, kein Landstrich der Monarchie war so einmalig und unverwechselbar wie die alte gefürstete Grafschaft von Görz und Gradisca. Nirgends hatten Deutsche, Slawen und Romanen jahrhundertelang so zusammengelebt. Nicht durch Gewalt, Lügen und Waffen, sondern dank einem günstigen Zusammenspiel von Geschichte und Geographie trafen und blieben hier die drei europäischen Volksstämme so lang zusammen.

Görz war im Mittelalter die südlichste deutsche Stadt des Heiligen Römischen Reichs. Seit dem 16. Jahrhundert ist die Viersprachigkeit dort urkundlich nachgewiesen – Friulanisch wird dazugezählt. Noch vor dem Ersten Weltkrieg machte die deutschsprachige Stadtbevölkerung bei den regelmäßig durchgeführten Volks- und Sprachzählungen mehr als zehn Prozent aus. Durch seine Aggression leistete das damalige Königreich Italien einen Beitrag nicht nur zum sinnlosesten Massaker der Weltgeschichte, sondern auch zur Zerstörung von Görz, das jahrelang bombardiert wurde, um angeblich befreit zu werden.

Dieses Buch versucht durch exemplarische Beispiele zu beschreiben, welche Menschen beziehungsweise welcher Menschentypus in dieser »Welt von gestern« zwischen den Alpen und der Adria lebte. Wir haben es nicht aus Nostalgie, sondern mit der Hoffnung verlegt, bei der Leserin und dem Leser Neugierde zu wecken. Es geht schließlich um Menschen, die deshalb vergessen wurden, weil sie anders waren als diejenigen, die sich für das Trennende begeistert haben. Es waren Menschen, und um die geht es in diesem Band, die in ihrem Leben das Verbindende selbstverständlich gefunden haben.

Hans Kitzmüller

St. Martin
Quiska
Mt. Santo
Bigliana
Cosana
St. Florian
611
S. Maur
Salcano
Cerau
Peoma
Valerseg
Isonzo
BORGO
CARINZIA
Rosenthal
Mossa
Podgora
Kloster
S. Marco
GÖRZ
(GORIZIA)
Lucinico
Lorenzo d. Mossa
St. Andrä
Savogna
Merna
Biglia
Banziano
adisca
S. Michele
S. Grado d. M.
Veniachia
200
400
Lokvica
Vallone
Oppachiasella
Novelo
Doberdo
Kostanjevica
Vojsčica
Vale
Selz
Jamiano
Možci
Monfalcone
Brestovica
Gorjans
Medeazza
Maphinje
Prečnik
325
Cerovlje
S. Giovanni
Slivno
Buchtv.

Görz

Auf der Suche nach dem
»Nizza Österreichs«

Ob und wie sie helfen könne, fragt die Buchhändlerin in der *Libreria della Città* nach einem freundlichen »Buongiorno«. Die Antwort fällt nicht schwer. Ja, mit einem netten Büchlein über Görz, mit einem, das den Zugang zur Stadt leichter macht. Am besten mit ein paar Hinweisen, wo genau sich das alte Görz, das *centro storico* versteckt, das man bisher vergeblich gesucht hat.

Görz: Nähert man sich der Stadt von Süden, vermittelt der Corso Italia mit seinen alten Alleebäumen lichtdurchflutete Eleganz. Hinter grün-weiß gesprenkelten Platanen präsentiert sich Villa an Villa höchst standesgemäß; kein Wunder, führte der Corso einst in eine Hauptstadt, in jene der gefürsteten Grafschaft Görz und Gradisca. Geradlinig lockt er ins Zentrum. Die Häuser rücken enger zusammen, doch schon bald verkümmert die Pracht in einer Fußgängerzone mit modern anmutenden Bauten. Görz ziert sich, zeigt sich spröde, wendet sich ab.

Mit jedem Schritt vorwärts, mit dem man die Stadt zu erobern glaubt, weicht sie zurück. Nur ab und zu kokettiert sie mit ihren Reizen und zeigt gerade so viel, dass das Versteckspiel nicht langweilig wird: ein Bürgerhaus aus der Zeit des goldenen Görz, ein Steinportal, ein stiller Innenhof.

Unsicher wandert der Blick nach rechts, ein paar enge Gassen Richtung Hügel und Burg lassen hoffen. Und tatsächlich, wenige Meter weiter überrascht ein anderes Görz. Hinter dem Dom und der Piazza Cavour öffnet sich die Piazza S. Antonio mit der *Libreria della Città*. Der letzte Beweis. Wo es eine Stadtbuchhandlung gibt, muss wohl die Stadt sein.

Die Buchhändlerin nickt und bestätigt erfreut: »Si, si, hier ist das alte Zentrum von Görz.« Die zwei Palazzi auf der Piazza S. Antonio hätten eine lange Geschichte. Im Palazzo Lantieri, das sei der hinter den Rosenbeeten, rechter Hand, der mit dem klosterartigen Ambiente, wären keine geringeren als Napoleon, Da Ponte, Goethe, Maria Theresia, Casanova und Goldoni abgestiegen. Und im Palazzo Strassoldo ... Die quirlige Buchhändlerin hält inne, überlegt, dann huscht ein Lächeln über ihr Gesicht: »Moment, ich glaube, ich hab genau das Richtige. Einen Augenblick, ich bin gleich zurück!« Schon ist sie in ihrem Labyrinth aus Regalen verschwunden. Was weder die Begeisterung für ihr Görz noch den italienischen Redeschwall bremst.

Das Viertel um den nahen Dom, allen voran die Via Rastello, bildeten den Kern der Altstadt, klingt es gedämpft aus dem Raum nebenan. Besonders schön seien die mittelalterlichen Bogengänge am Beginn der Via Rastello. Geradeaus weiter komme man zur Piazza della Vittoria, das sei der Hauptplatz, mit der Jesuitenkirche und dem Pacassibrunnen ein sehr schöner Teil von Görz. Der Mittelpunkt einer Stadt, die vor hundert Jahren als das »Nizza Österreichs« bekannt war.

»Görz war tatsächlich ein Juwel«, versichert die Buchhändlerin, während sie aus den Tiefen ihrer Bücherwelt zurück zum Ladentisch trippelt. Der Schatz ist gefunden. Triumphierend hämmert sie mit dem Zeigefinger auf das gesuchte Buch. Liebevoll wischt sie die Staubschicht vom Einband. »*Eccolo!* Da ist es.« Und übrigens heiße sie Mariella.

Es ist ein vergilbtes Büchlein mit dem deutschen Titel »Görz, Geschichte und Geschichten aus der Stadt und der Grafschaft«. Und Mariella hat offensichtlich beschlossen, dass ihre Buchhandlung genau der richtige Ort für eine Nachhilfestunde in Geschichte und Franz Xaver Zimmermann der perfekte Lehrmeister sei. Denn er war schließlich Professor am Görzer Gymnasium. Franz Xaver Zimmermann brachte seine Erinnerungen an Görz im Jahr 1918 zu Papier. Als der Palazzo Strassoldo draußen vor der Türe noch ein Ableger des deutschen Gymnasiums und kein Grand Hotel war.

Die schräge Novembersonne taucht die Piazza S. Antonio in ein sanft schimmerndes Licht. Vor dem Palazzo Lantieri wird Kaffee getrunken, gegenüber verlässt eine Gruppe von Touristen das besagte Hotel. Sie bummeln zu den Kaffeetrinkern, kontrollieren die Kameras und erledigen ein paar Telefonate, ehe sie sich im letzten Fleck Sonne auf der Piazza versammeln, um das weitere Programm zu studieren. Die Pflichtbewussten blättern in den Reiseführern, während die Genießer die Stufen besetzen und lieber mit geschlossenen Augen die Köpfe der Sonne zuwenden. So war es schon zu Zimmermanns Zeiten …

(…) Die Sonne ersetzt mit ihren wärmenden Strahlen vielen zur Winterszeit die fehlenden Öfen und dann kann man zur Mittagsstunde im Freien auf Bänken und Steinstufen die »Sonnenbrüder« sitzen sehen, die »Fratelli di sole«, wie sie einer treffend genannt hat, der Reihe nach gelagert und der wärmenden Sonne nachrückend (…). Auch die Gäste der Stadt, Ruheständler und Fremde, müßige Bürger wie vornehme Herren ergehen sich im Schein der Sonne. Fenster und Türen gehen überall auf und selbst aus den Bankreihen der Schulstube kommen die Buben hinaus ins Freie (...). Und ich weiß mich wohl eines warmen Jännertages zu erinnern, an dem wir aus der Schulfiliale im alten Strassoldopalast hinaustraten auf den Antoniusplatz. Wir standen an die Wand des Hauses gelehnt, von einer lauschenden Schülerschar umgeben, ohne Störung umwandelt von den Vorübergehenden oder Fahrenden, und hielten im Pelz und Winterrock Schule im Januar unter tiefblauem Südlandshimmel. Soweit lag Görz vom k.k. Unterrichtsministerium entfernt, dass man solcherart ungestraft unterrichten durfte. Aber es hat ja auch weder der Gesundheit, noch der Wissenschaft geschadet.

In die Sonnenbrüder vor dem Grand Hotel kommt langsam Bewegung. Die Ersten schicken sich zum Aufbruch an, schon schlendern sie quer über den Platz, nicht ohne kurz vor der *libreria* zu halten. »Seit die Grenzen nach Slowenien offen sind, kommen viele Touristen zu uns«, stellt Mariella befriedigt fest. Nun ja, nicht so viele wie zur Zeit der Hochblüte von Görz im 19. Jahrhundert. Görz füllte sich damals mit Beamten und Kurgästen aus allen Teilen der Monarchie und mit Pensionisten, die hierher kamen, um den Winter in einem milden Klima zu verbringen – das ist Geschichte. Bis vor zehn Jahren kümmerte Görz an einer toten Grenze dahin. Nun kommt etwas mehr Leben in die Stadt. »Und für diesen kleinen Ansturm bin ich bestens gerüstet«, sagt Mariella und deutet zum Schaufenster hinüber. In ihrer Auslage prangen zwei Bücher, eines über den Karst, das andere über die Transalpina-Eisenbahn – wohlgemerkt zwei Bücher auf Deutsch, neben drei slowenischen und vielen italienischen. Mariella Multiculturella – die Vielvölkerstadt des Professor Zimmermann lässt grüßen.

(...) Görz war immer eine reizvolle Verbindung von Nord und Süd, von Deutsch und Welsch, von österreichischer und italienischer Reichskultur, stets etwas Binaturelles und Bikulturales, ein wohltemperierter Ausgleich natürlicher und politischer Gegensätze mit seinen Übergängen in Luft, Licht, Sprachen und Kultur (...). Im Sprachkonzert der Stadt bildete das Deutsche den staatlichen Grundton, das italienische die charakteristische nationale Terz, das Slowenische die Quinte. Das Friulanische, noch vor nicht langer Zeit in bodenständigen Familien gerne gesprochen, lebte mehr im ebenen Flachland vor den westlichen Toren der Stadt und schlug im innerstädtischen Leben wenig durch (...). »Görz« allein, die Stadt um das Kastell an der Isnitz (...), die Stadt mit den vier bodenständigen Namen, die gleichwohl auf dem Stationsgebäude der neuen Alpenbahn namenlos blieb. Denn wer dort auf dem Staatsbahngeleise zwischen Wien und Triest nach der legitimen Ortsbezeichnung suchte, fand sie nicht. Weil man unter ihren vier Namen, die ihr nach der Zunge der in ihr lebenden Menschen gebührten, keinem den Vorzug geben wollte, gab man die Ortsbezeichnung überhaupt auf.

Der letzte Sonnenbruder trennt sich nur schwer von der »Transalpina« im Fenster. Offenbar ein Nachzügler, der nun bergab den anderen nacheilt. »Hier oben am Fuße des Castellos liegt der weitaus schönere Teil von Görz«, sagt Mariella, während sie den Touristen nachblickt. Aber auch in den Stadtteilen Richtung Isonzo finde man herrschaftliche Villen, die den Ersten Weltkrieg ganz gut überstanden haben. So manches Kleinod zeuge von der blühenden Vergangenheit. Der Coronini Park sei eines davon. »Wir Görzer waren und sind besonders stolz auf unsere üppigen Gärten. Das milde Klima, die verkehrsgünstige Lage an der Eisenbahn und nicht zuletzt das viele Grün – das war es, was unser Görz zum ›Nizza Österreichs‹ machte.«

Ein ruhiges Provinzstädtchen sei Görz gewesen, wie geschaffen dafür, einen beschaulichen Lebensabend, einen warmen Winter oder bloß den geruhsamen Alltag hier zu verbringen. Die italienisch-nationalen Töne, wie sie ab Mitte des 19. Jahrhunderts gegen den Kaiser und für ein – eigenes – Vaterland in Triest anklangen, waren in Görz nur leise zu hören. Hier lauschte man lieber, wiewohl italophil, einer anderen Musik ...

(...) Mittagskonzert im Giardino Pubblico. Unsere Öffentlichkeit schläft, der Adel ist unter sich, die Bürgerschaft liebt das Heim, die Gesellschaft ist in Vereinen zersplittert. Die Kraft zur Sensation bringt in Görz keiner auf, Skandälchen verpuffen in diskreten Gesprächen der Jours, die Oppositionen im Kleinkrieg der Lokalblätter. So bleibt nur das bisschen Theater und Mittagskonzert im Stadtpark unter Palmen, Zedern und haushohen Magnolien. An sonnenwarmen Wintertagen und gerade zur Weihnachtszeit in Sommerkleidern.

Dort ist von Zwölf bis Eins unser Korso, unser Graben, unser Markusplatz. Dort geht und steht, schleift und wogt ein buntgemischtes Publikum von Leuten, die mittags nichts zu tun haben: Italiener, Friauler, Slawen, Deutsche, Fremde. Österreich am Isonzo. Zwischen Standespersonen das Volk. Offiziere, Beamte, Pensionisten, (...) Grafen und

Dienstleute, (…) Studenten, Soldaten, Arbeiter. Die gehen und stehen um das erhöhte Bretterpodium herum, auf dem die Banda civica, die Stadtkapelle musiziert.

Auch die k.u.k. Militärkapelle konzertiert abwechselnd dort. Aber sie steht auf dem blanken Boden vor ihren Notenpulten. Wie vor Gewehrpyramiden. Sie spielt darum nicht schlechter, aber anders als die Stadtkapelle, ganz anders. Exakt, brav und einwandfrei, aber immer mit dem Einschlag militärischer Strammheit. (…)

Die in ihrer blau-weißen Uniform nach italienischem Muster kostümierte Banda civica jedoch, deren Erhaltung der Stadt jährlich ein hübsches Stückchen Geld kostet, ist eine Liebhaberkapelle. National durchaus einheitlich. Trotz ihrer derberen Finger, die die Woche hindurch oft schwer arbeiten müssen, musikalisch viel feiner. Sie spielt weicher, melodiöser, graziöser. An guten Tagen und bei gutem Programm sogar mit künstlerischem Schwung. Dann namentlich, wenn das Herz bei der Kunst ist und wenn die Muttersprache aus den Liedern klingt. (…) Und die kommt zu Wort, wenn sie Verdi, Mascagni und Puccini, oder auch wenn sie Franzosen ins Programm setzten. Da ziehen die sangbaren Weisen des Trovatore rein und voll, weich und rund durch die hellklare Luft und verklingen in den Baumkronen des Giardino wie melodisches Rauschen.

Die Glocken des nahen Doms klingen bis zur Piazza S. Antonio und läuten das Ende von Mariellas Schulstunde ein. Kurz entschlossen greift sie nach dem »Zimmermann«. Die Staubkörnchen der Görzer Erinnerungen schweben im Gegenlicht, so energisch klappt Mariella die offenen Seiten zu. Dann wickelt sie das Buch in Seidenpapier. »Damit du unsere Stadt genauso schön findest, wie wir Görzer«, sagt sie und schiebt das Päckchen über den Tisch. Italienisches Abschiedsgeküsse – man kennt sich immerhin seit einer vollen Stunde. Welch ein großzügiges Geschenk! So viel Herzlichkeit macht verlegen. »Danke Mariella« … danke für den Blick in die Seele des alten Görz.

Denn es gibt kein Görz mehr, wie wir es noch vor zweieinhalb Jahren gekannt, wie wir es geliebt. Verstümmelt und entstellt und nur im Umriss kenntlich, an den Zeilen der Straße, am durchbrochenen Gebälk aufragender Trümmer, an den Weitungen der Plätze und an den grünen Inseln der Gärten (…). Ich raste auf der Schwelle meines geplünderten Hauses und darin einst durchlebte Tage und Jahre verrinnen in Minuten und Viertelstunden. Was an den Ort gebunden war, fällt ab; doch was wir im Inneren tragen, geht überall mit uns. Das Görz unserer Seele bleibt. Für sie ist der Augenblick hier kein Schlusswort, für sie ist er nur ein Abschnitt, ein Übergang zu neuem Leben, wohin das Schicksal auch will.

Giardino Pubblico, Volksgarten

Corso Francesco Giuseppe, 1905, heute Corso Italia

Franz Xaver Zimmermann und das k.k. Staatsgymnasium

Franz Xaver Zimmermann wurde 1876 in Hopfgarten in Tirol geboren. Nachdem er in Prag ein Germanistikstudium sowie Kurse in klassischer Philologie absolviert hatte, trat er dort seinen ersten Posten am deutschen Gymnasium an. Auf eigenen Wunsch wurde er 1908 an das k.k. Staatsgymnasium nach Görz versetzt. Hier lehrte er bis 1914 und veröffentlichte in den Jahresberichten des Gymnasiums erste Studien über historische und kulturelle Aspekte der Stadt Görz. Während und unmittelbar nach seinen Görzer Jahren beschäftigte er sich intensiv mit der deutschen Kulturgeschichte im Küstenland. Im Ersten Weltkrieg kämpfte Zimmermann in Serbien und Polen, nach dem Krieg wurde er als Lehrer dem Gymnasium in Klagenfurt zugewiesen. Später übersiedelte er für viele Jahre nach Rom, kehrte aber schließlich nach Klagenfurt zurück, wo er 1959 starb.

Das k.k. Staatsgymnasium spielte im Laufe seiner dreihundertjährigen Geschichte im mehrsprachigen und multikulturellen Umfeld von Görz eine besondere Rolle. Ab 1863 wurden neben der deutschen Unterrichtssprache auch die Landessprachen Italienisch und Slowenisch gelehrt, zuerst in Kursen, ab 1910 in selbständigen

Klassen. Die Schulpolitik wollte die verschiedenen Kulturen und Sprachen fördern, aber gleichzeitig die Werte des Vielvölkerstaates betonen. Wer etwas auf sich hielt, schickte den Sohn in die deutsche Schule. So erklärt sich auch die Zusammensetzung der Schüler im Jahr 1910: 200 italienischsprachige, 247 slowenischsprachige und 30 deutschsprachige Kinder besuchten damals das Gymnasium. Das entsprach auch in etwa der ethnischen Zusammensetzung der Bevölkerung.

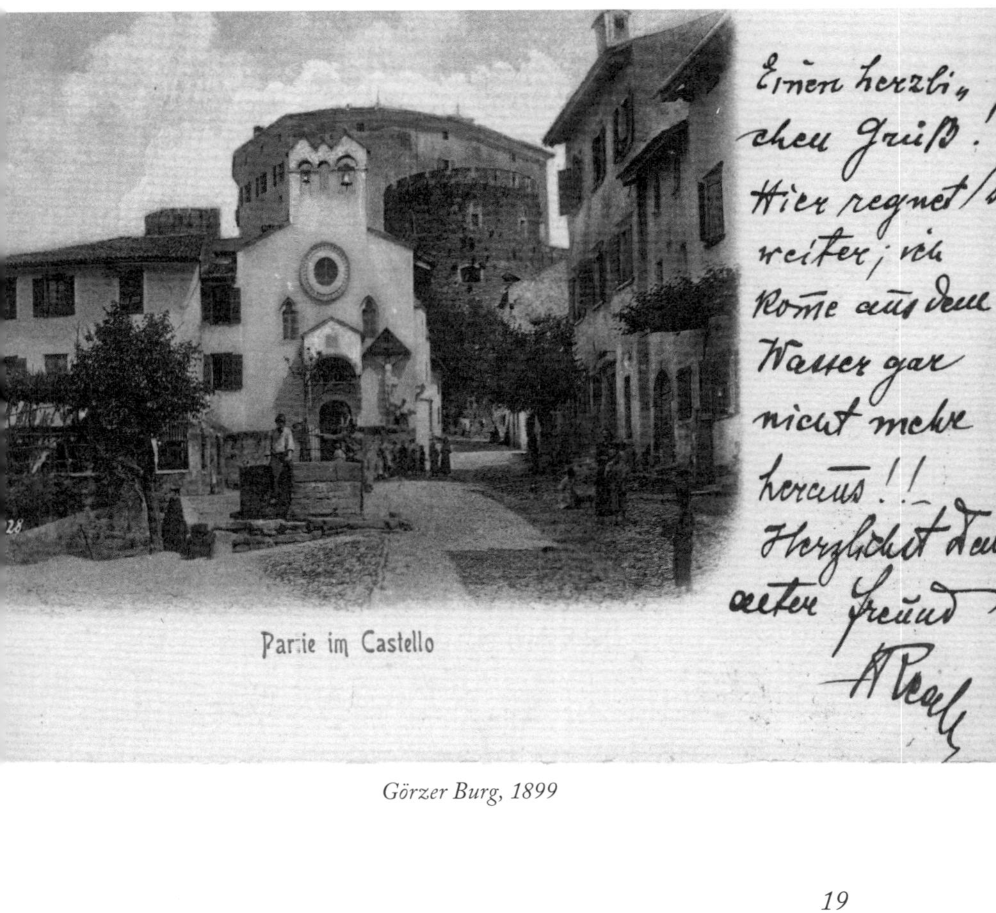

Görzer Burg, 1899

Hauptplatz von Görz, vor dem Ersten Weltkrieg

Die gefürstete Grafschaft Görz und Gradisca

Die Grafschaft Görz reichte im Norden den Isonzo entlang, fast bis Kärnten, im Süden bis vor die Tore Triests, im Westen über das Collio hinaus bis nach Grado und im Osten ein gutes Stück ins Küstenhinterland hinein Richtung Laibach.

Bis ins Jahr 1500 stand die Stadt unter der Herrschaft der Grafen von Görz. Ehe die Habsburger ihre Länder durch Heirat akquirierten, pflegten sie Erbverträge abzuschließen. Nach dem Tod des letzten Grafen von Görz fiel seine Grafschaft daher an Kaiser Maximilian I. von Österreich. Abgesehen von kurzen Unterbrechungen blieb das Land bis 1915 ein habsburgisches Kronland. In den Jahren 1809 bis 1815 wurde die Stadt Görz »zu ihrem Groll und Ärger Frankreich zugeschlagen«, wie es Zimmermann berichtet … Napoleon war der Übeltäter, wer sonst.

Das Kerngebiet der Grafschaft war somit vierhundert Jahre österreichisch – vor allem österreichisch geordnet. Hier florierte die Wirtschaft, im Gegensatz zu Italien, das sich westlich des Städtchens Cormons erstreckte. »Wir sind Österreicher und wollen Österreicher bleiben«, war daher gegen Ende des 19. Jahrhunderts die Antwort der – wohlgemerkt – italienischsprachigen Friauler Lokalpatrioten auf die in Triest aufkeimende Weg-von-Wien-Bewegung der Irredentisten.

Seit Mitte des 19. Jahrhunderts hatte sich Görz aufgrund des milden Klimas zu einem Kur- und Fremdenverkehrsort entwickelt. Mitglieder des Kaiserhauses und des ungarischen Hochadels kamen nach Görz und verbrachten einen italienischen Winter auf österreichischem Boden. Das »Nizza Österreichs« war geboren. In der Stadt tagte ein italienisch-friulanisch-slowenischer Landtag, er war die gesetzgebende Instanz der Grafschaft.

Traurige Berühmtheit erlangten Görz und sein Umland durch die Isonzo-Schlachten in Ersten Weltkrieg. Kaum hatte sich die Stadt von den Schrecken des ersten Krieges erholt, kam der zweite. Er endete mit einer brutalen Grenzziehung zwischen Italien und Jugoslawien, mitten durch Grundstücke, Häuser und Gärten. Auf dem Friedhof von Mirnen, etwas südlich von Görz, zerteilte die Grenze sogar ein Grab. Ab 1947 war Görz eine Stadt an der toten Grenze zum kommunistischen Osten. Der Lebensnerv zum Hinterland war durchtrennt, der Rutsch in die Bedeutungslosigkeit programmiert.

»Mögen die Aufsätze aus Görzer Tagen helfen, eine Stätte lebendig zu machen, auf der das neue Görz entstehen wird«, wünscht sich Franz Xaver Zimmermann, als er im Jahr 1917 das von den Italienern zerstörte Görz besuchte. Genau neunzig Jahre später verschwinden mit dem Schengenabkommen die Grenzen zwischen Slowenien und Italien. Die Zeit scheint reif für das neue Görz.

Die Libreria della Cittá …

… gibt es nicht mehr. Nach dem plötzlichen Tod von Mariella Franco führte ihre Tochter Erika das Geschäft eine Zeit lang weiter, entschied sich aber im Jahr 2012 schweren Herzens zu schließen.

Mariellas Buchtipps hingegen finden sich nach wie vor in den folgenden Kapiteln.

Das alte Görz …

… liegt am Fuße des Burghügels und reicht von der Piazza S. Antonio und der Piazza Cavour, die Via Rastello entlang, über die Piazza della Vittoria hinaus bis zum Palazzo Attems. Von den Gärten der Stadt ist der Parco Coronini, ehemals Grafenberg Park in der Viale XX Settembre Nr. 14, in alter Pracht erhalten geblieben.

Der Monte Santo …

… war schon in der Monarchie eine bekannte Wallfahrtskirche und ein beliebtes Ausflugsziel. Bei der Brücke von Solkan zweigt die Straße auf den Berg ab (Sv. Gora). Auf halber Höhe, dort wo die eigentliche Zufahrtsstraße zur Kirche beginnt, lädt ein kleiner Parkplatz zum Zwischenstopp ein. Der Blick auf den Isonzo und die Brücke von Solkan ist von hier besonders schön. Oben angekommen, reicht die Sicht über Fluss und Land bis zum Meer.

Eine Annäherung per Rad …

… erfolgte an einem Sonntag des Jahres 1895 aus Richtung Laibach. Ausgerüstet mit dem »Wegweiser durch Krain und Küstenland für Radfahrer« verließen neun wackere Herrenfahrer des Laibacher Bicycle-Clubs die Stadt, um dem befreundeten Görzer Cyclist-Club einen Besuch abzustatten. Bei Präwald (Razdrto) bogen sie in das Wippachtal (Vipavatal) ein und passierten bei Haidenschaft (Ajdovščina) die Grenze zwischen Krain und dem Küstenland. Vorschriftsgemäß wechselten sie von Links- auf Rechtsverkehr, und stellten fest, dass genau wie im Tourenbuch beschrieben »die Kirschen hier als die ersten in Österreich schon im Mai reifen«.

Dann setzten sie ihren Weg über Schönpass (Šempas) fort, beschlossen beim Gasthof Aisovizza (Ajšovica) einen Abstecher zum nahen Hilmteich zu machen und gelangten schließlich durch das liebliche Rosental nach Görz zum Gasthof-Hotel »Post«, Via del Teatro 7, dem Clublokal des Görzer Cyclist-Clubs.

Wo man einst durch eine idyllische Landschaft radelte, zieht sich nun eine Autobahn durch das Tal. Die sportlichen Herren würden heutzutage wohl eher bei Wippach (Vipava) Richtung Kobdilj abbiegen und am verschlafenen Goče vorbei über Štanjel, Branik und Dornberk nach Görz fahren. Die Strecke ist anstrengend, aber dank zahlreicher Osmizzen, die mit einer deftigen Jause und Wein auf ihre Gäste warten, leicht zu schaffen.

Görz am Isonzo, 1910

Via Rastello

Coronini Park, um 1910

Hilmteich bei Görz (Gorizia).

Hilmteich bei Görz

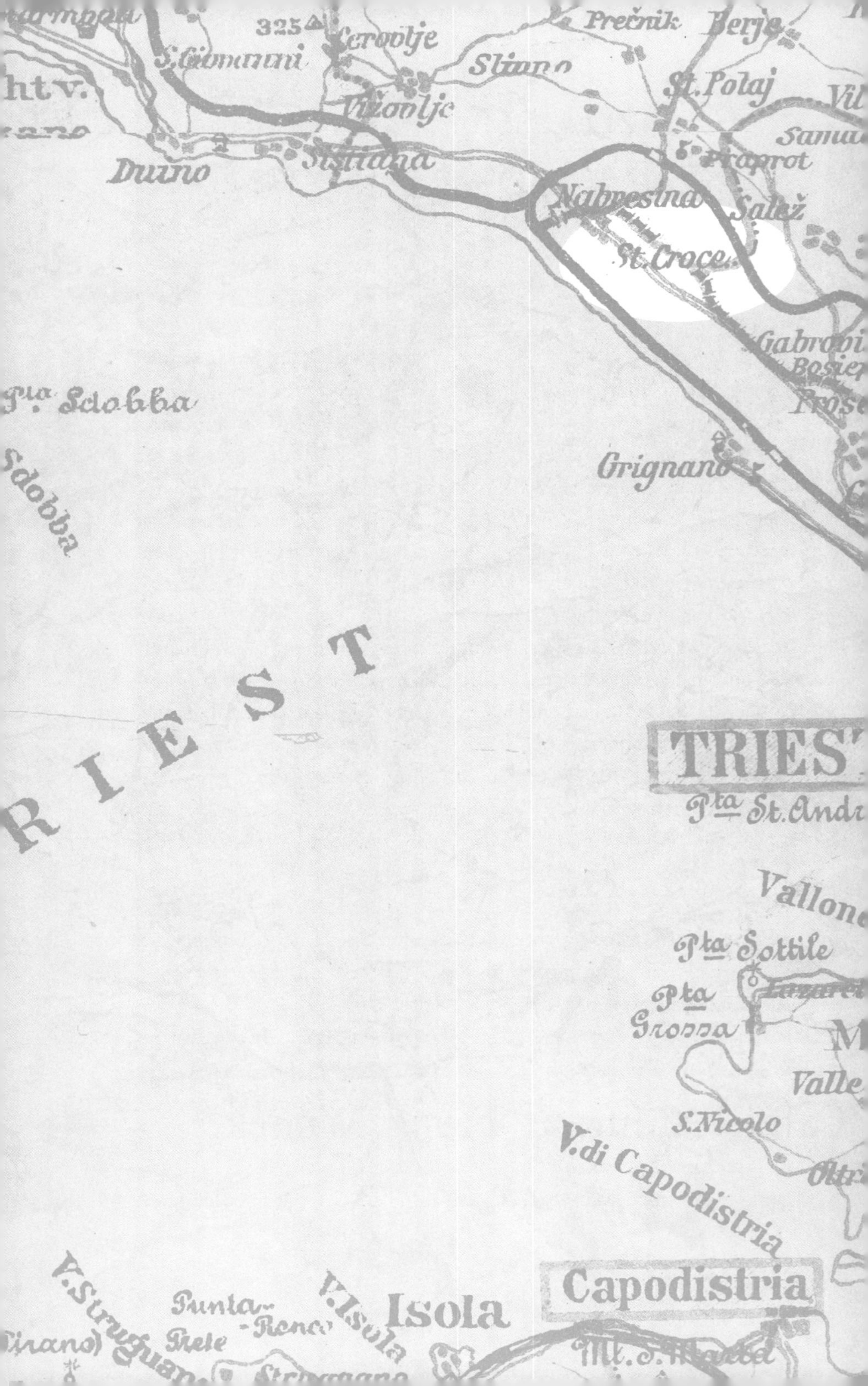
325
Cerovlje
Prečnik
Berje
Slivno
St. Polaj
Vižovlje
Duino
Sistiana
Praprot
Nabresina
Salež
St. Croce
Grignano
P.ta Sdobba
Sdobba
RIEST
TRIEST
Vallone
P.ta Sottile
P.ta Grossa
S. Nicolo
V. di Capodistria
Capodistria
Isola
V. Isola
Punta Rena

Die Küste entlang

Von roten und blauen Fischen

Der alte Fischer schüttelt den Kopf. »Es passierte auf einer meiner ersten Thunfischjagden, und ich gebe zu, ich hatte ein mulmiges Gefühl. Rund sechshundert Fische im Netz, die im letzten Augenblick entwischen sollten? Niemals!« Srečko erinnert sich gerne an seinen mutigen Einsatz. Die Falten in seinem Gesicht glätten sich. Kaum zu glauben, dass das alles schon sechzig Jahre zurückliegen soll. Für Srečko scheint es gestern gewesen zu sein.

Mit seinen achtzehn Jahren war er der jüngste der sechs Mann starken Besatzung des Bootes. Endlich hatte man auch ihm erlaubt, auf der *tonera* mitzufahren, endlich war auch er eine der Hauptpersonen des Spektakels. Er, Srečko, Felice, fühlte sich tatsächlich wie Felix der Glückliche – wobei das Glück hart erarbeitet war. Seit zwei Monaten hatte er bei der Vorbereitung der zwölf Meter breiten Pisten geholfen. Bis in eine Tiefe von acht Metern erstreckten sie sich ins Meer. Kein Stein durfte im Weg sein, wenn die *tonni* kämen. Deren Ankunft hatten er und die anderen seit Tagen am Strand erwartet, ständig bereit, in die *tonera* zu springen und hinaus zu rudern. Alles war perfekt gelaufen bis zu dem Augenblick, als die *tonni* zu entkommen drohten. Zwei Stunden zuvor hatten die Späher in den Aussichtsposten unterhalb von Santa Croce die Fische entdeckt und mit einem lautstarken *Abauta, abauta!* Alarm geschlagen. Aufgeregt hatten sie Hände und Hemden über den Köpfen geschwenkt. Es musste sich um einen riesigen Schwarm handeln, der da im Meer seinen Schatten vorauswarf.

In den Augustnachmittag des Jahres 1948 war plötzlich Bewegung gekommen. Jung und Alt lösten sich aus der Starre der Sommerhitze und hasteten die steilen Stufen zum Meer hinab. Das ganze Dorf war auf den Beinen. Für manche war der Weg zum Strand nicht sehr weit, denn sie kamen direkt von den Terrassen über dem Meer. Vom Salbeisammeln in den Weingärten und Olivenhainen, wo man sich trotz des lauten Zikadengezirpes oft ein paar ruhige Stunden gönnte. Hier, auf halber Höhe zwischen Himmel und Wasser, an der Abbruchkante des Karstes, in der Zwischenwelt aus Thymianduft und Meeresluft, ließen sich die Tage recht angenehm verbringen.

Die meisten aber stolperten von hoch oben her, von Santa Croce, die Steilküste hinunter. Während die Alten behutsam Schritt für Schritt auf die Steinquader des alten Fischerpfades setzten, erreichten die Ersten bereits nach zehn Minuten den Strand. Die *tonera* war zu diesem Zeitpunkt noch gute fünfzig Meter vom Ufer entfernt. Behutsam hatte man das Netz aufgerollt und den Thunfischen so den Weg abgeschnitten. *Stegando!* – neunzig Grad nach links, *daghekap!* – weiter so, *voh!* – Kreis Richtung Ufer schließen, *za, za!* – ziehen, stark, ziehen. Mensch und Fisch folgten den Kommandos eines seit Jahrhunderten steten Jagdrituals. Bald hatten auch die Letzten den Strand erreicht, nun hieß es anpacken. Sicherlich an die fünfundzwanzig Mann versuchten mit aller Kraft das Netz Richtung Ufer zu ziehen. Je enger der Kreis wurde, desto deutlicher konnte man die Silberleiber der Fische erkennen. Sechshundert Stück würden das wohl sein! Das Meer schäumte wie kochendes Wasser, alles jubelte angesichts der fetten Beute. Und dann das! Das Netz verfing sich am Meeresgrund, die *tonni* waren drauf und dran zu entkommen. Die Blicke der anderen Fischer waren auf Srečko gerichtet, allen voran die der besorgten Onkeln. »Die hatten ganz schön Angst um mich.«

Srečko nimmt einen kräftigen Schluck Wein, ehe er sich nochmals in das Abenteuer von damals stürzt. In solchen Fällen war es stets die Aufgabe des Jüngsten, bis zum Grund zu tauchen und das Netz loszuschneiden. Was blieb ihm anderes übrig, als in den brodelnden Fischkochtopf zu springen? Fünf Meter tief musste er zwischen den Thunfischen nach unten. »Da kann man schon leicht die Orientierung verlieren. Um dich herum sind nur noch die *tonni*, kein Oben und Unten, nur zappelnde, panische Fische.« Natürlich gelang es Srečko, das Netz zu lösen. Der Rest ist Geschichte, die Geschichte seines Großvaters, die seines Vaters und die all der übrigen slowenischen Fischer von Santa Croce. Das Netz wurde weiter eingeholt, alle stürmten bis zu den Knien ins Wasser, packten die Thunfische an den Schwänzen und schleuderten sie ans Land. Dort wurden sie geputzt und geteilt. Jeder bekam ein Stück des begehrten hellroten Fleisches. Srečko lacht. Er ist sechzig Jahre später noch stolz über den glücklichen Ausgang der Jagd.

Auch Jolanda ist stolz auf ihren Mann, den *pescatore*. So nennt sie Srečko respektvoll, wenn sie über ihn spricht. Sei es, weil im arbeitsreichen Leben eine Fischerfamilie aus dem Karst wenig Platz für Sentimentalitäten ist oder um Srečkos besondere Stellung in Santa Croce zu betonen. Immerhin ist er an der Costiera der letzte slowenische Fischer. Bis vor zwei Jahren war er noch jeden Tag draußen auf See. Um die Seinen und das *Bella Riva*, das Fischrestaurant der Familie unten am Meer, mit fangfrischem Fisch zu versorgen. »Obwohl die Fische immer weniger werden.« Jolanda nickt, Srečko seufzt »Nein, nein«, von den Thunfischen spreche er dabei nicht. »Die *tonni* sind sowieso schon Legende.« Die letzte große Jagd war im Jahr 1954. Bis vor zwanzig Jahren hat man im Sommer noch ab und zu einen Thunfisch aus dem Wasser springen sehen, selbst das sei jetzt vorbei. Die roten Fische sind endgültig verschwunden. Damit meint Srečko die Thunfische. Aber auch die blauen werden immer seltener. »*Sardoni, sardelle* und *sgombri*, nun ja, die *pesce azzurro* eben«, erklärt Jolanda. Selbstverständlich gibt es für die Zubereitung »der Blauen« im *Bella Riva* ein ganz besonderes Rezept. Vor allem für die Sardinen. Dank der Süßwasserzufuhr aus den Karstquellen gelten die Costiera-Sardinen als die besten der oberen Adria.

Jolandas Leidenschaft gehört aber den *canoche,* den Meeresheuschrecken. Sie fängt sie höchstpersönlich. Jetzt im Winter liegen Fangwerkzeuge, Bleigewichte und sonstiges Zubehör nicht unten am Meer, sondern oben bei ihr in der Küche. So manche Reparatur ist fällig. Jolanda zieht aus dem Gewirr zweier Fischernetze eine Reuse hervor. Mit etwas Glück gehen ihr darin bis zu zehn Stück in die Falle. Jolanda, der Schrecken der Meeresheuschrecken. Nun ist es an Srečko, zu lächeln … respektvoll und dankbar. Er weiß zu gut, was er an Jolanda hat. Seit dem Schlaganfall, seit Srečko nicht mehr so kann, wie er will, fährt sie alleine aufs Meer hinaus. Im *Bella Riva* ist frischer Fisch Ehrensache. Nur ab und zu darf auch der Fischmarkt aushelfen.

Mit den Muschelbänken hingegen, die sich weit sichtbar vor der Küste von Duino bis nach Miramare ziehen, haben Jolanda und Srečko wenig am Hut. »Das ist nichts für uns Slowenen, das lassen wir lieber den Istrianern.« Aha? Die Erklärung folgt gleich. Bis zum Ersten Weltkrieg haben in den Dörfern entlang der Costiera ausschließlich Slowenen gewohnt. »Die Monarchie war die letzte Demokratie, die wir erlebt haben«, sagt Srečko und lacht. Er scherzt, aber im Grunde meint er es ernst. Zu Zeiten des Kaisers haben die Küste und der Karst den Slowenen gehört. An Arbeit für die Männer fehlte es nicht, denn Fische gab es genug. Der Fang wurde nach Triest gebracht, die Fischhalle war mit einem Bahnanschluss und einer direkten Verbindung nach Wien ausgestattet. »So haben es uns die Alten erzählt, wenn wir beim Aufstieg vom Hafen auf dem Fels über der Eisenbahntrasse Rast gemacht haben.« Srečko erinnert sich noch genau.

Nach dem Ersten Weltkrieg folgten für die slowenischen Fischer düstere Jahre. Zur Zeit des Faschismus war es verboten, slowenisch zu sprechen, Familiennamen wurden ins Italienische übersetzt, ein jahrhundertelang gewachsenes System brach zusammen. Das Schicksal meinte es mit niemandem gut. Denn auch zig Italiener hatten in Istrien ihre Heimat verloren, sie wurden entlang der Küste von Duino bis Triest angesiedelt. Just neben jedem slowenischen Fischerdorf pflanzte man ein italienisches. »Die Miesmuschelbänke da draußen werden heute von diesen istrianischen Fischern betrieben.« Gesegnet mit der Milde des Alters erzählt Srečko von den Kollegen aus Istrien. Im Grunde waren doch alle nur Fischer. Die Zeit heilt alle Wunden. Fast alle. Srečko blickt in die Ferne, auf ein Meer, das er von seinem Haus oben im Ortszentrum von Santa Croce nicht sehen kann. Er atmet tief ein. Das Wasser und die salzige Luft fehlen ihm sehr, die Miesmuschelbänke schon weniger. Obwohl – dem Charme der *cozze alla marinara,* die Jolanda und die Kinder unten im *Bella Riva* aufs Köstlichste zubereiten, kann auch Srečko nicht widerstehen.

— *Chronologie des (Thun-)Fischfangs im Golf von Triest* —

Gefischt wurde im Golf von Triest seit Menschengedenken. Im Mittelalter teilten sich Patrizierfamilien aus Triest und die Grafen von Duino die Fischereirechte. Wie die Bauern im Landesinneren waren auch die Fischer ihren Feudalherren unterstellt und mussten den Fang zur Gänze abliefern. Unter Maria Theresia begann sich das Haus Habsburg für die Fischerei im Golf von Triest zu interessieren. Die umtriebige Kaiserin war der Meinung, dass ihre Untertanen in den Binnenländern zu viel Fleisch und zu wenig Fisch essen würden. Kurzentschlossen gab sie eine Studie über den Fischbestand in der oberen Adria in Auftrag und schickte holländische Experten nach Triest. Diese sollten die Triestiner das fachgerechte Einsalzen lehren, die Voraussetzung für den Transport von Fischen nach Wien. Die einschneidende Änderung im System verdankten die Fischer im Golf aber ausnahmsweise nicht der verehrten Kaiserin, sondern Napoleon. Während der kurzen Besetzung durch die Franzosen wurde der Fischfang im Jahr 1808 für alle freigegeben. »Es lebe die Französische Revolution«, dachte im Stillen sicher so mancher, denn ohne sie wäre das Feudalsystem wohl kaum so früh abgeschafft worden.

Zurück im Hafen der Habsburger behielt man den für die Fischer segensreichen Zustand bei. Im Jahr 1835 wurde per Kundmachung bestimmt, dass innerhalb einer Seemeile von der Küste entfernt der Fischfang den Küstenbewohnern vorbehalten sei. Ab 1850 stellte man die Verwaltung des Meeres auf professionelle Beine. Von da an regelte die »k.k. Central-Seebehörde« das Hafenrecht und die Fischerei. Sie führte Statistiken über den Fischfang, half bei der Entwicklung der Navigation und installierte in den Adriahäfen österreichische Sanitätsbehörden und Konsulate. Dem Aufschwung der Fischerei stand nichts mehr im Weg. In Triest formierte sich die »Gesellschaft für Fischerei und Fischzucht«, ihr gehörten Mitglieder des Kaiserhauses, Bankiers, Politiker und Industrielle an. Ein fruchtbares Miteinander begann: Der Wiener Unternehmer Karl Warhanek gründete im Jahr 1867 in den Hallen der alten Salzmagazine von Duino die erste Sardinenfabrik an der Adria, weitere folgten in Grado und Barcola. Eine der drei Sardinenfabriken in Grado gehörte der Familie Giovanni Degrassi, sie betrieb in der Wiener Himmelpfortgasse Nr. 7 eine eigene Fischhandlung. Die Südbahnlinie trug mit einer schnellen Bahnverbindung von Triest nach Wien dazu bei, dass der fangfrische Fisch direkt hinter der Fischhalle in Triest verladen werden konnte und wenige Stunden später in Wien auf dem Markt war.

Die Fischerei selbst war wie in den Jahrhunderten zuvor in slowenischer Hand. Die Slowenen in den Fischereihochburgen Aurisina, Duino, Santa Croce und Contovello schlossen sich in Kooperativen zusammen und konnten dadurch größere Boote und Netze finanzieren. Gegen Ende des 19. Jahrhunderts gab es sogar eine eigene Versicherung für die Fischer und deren Familien. Gefischt wurden die *pesce azzurro*, das sind Sardinen, Sardellen und Makrelen sowie die traditionelle »Weihnachtsflunder«, die am 24. Dezember in Santa Croce in keinem Haus fehlte. Und natürlich *tonni*, die jedes Jahr von August bis Oktober in riesigen Schwärmen, bis zu tausend Fische stark, knapp an der Küste vorbeizogen. Die Thunfische wurden eingekesselt, an den Schwänzen gepackt und an Land geschleudert, wo man sie ausnahm und wusch. Etwas abseits wurden die Mägen gesammelt, um sie später zu zählen. Jeder zehnte Fisch sowie die Innereien gingen an die braven Helfer, und nachdem das Tagwerk beendet war, roch es im gesamten Dorf nach frittierter Fischleber. In den Fünfzigerjahren begannen die Fische auszubleiben. Sie wurden weiter südlich von großen Fangflotten abgefischt. Der letzte große Thunfischfang mit einer Beute von rund achthundert Stück fand am 25. August 1954 statt.

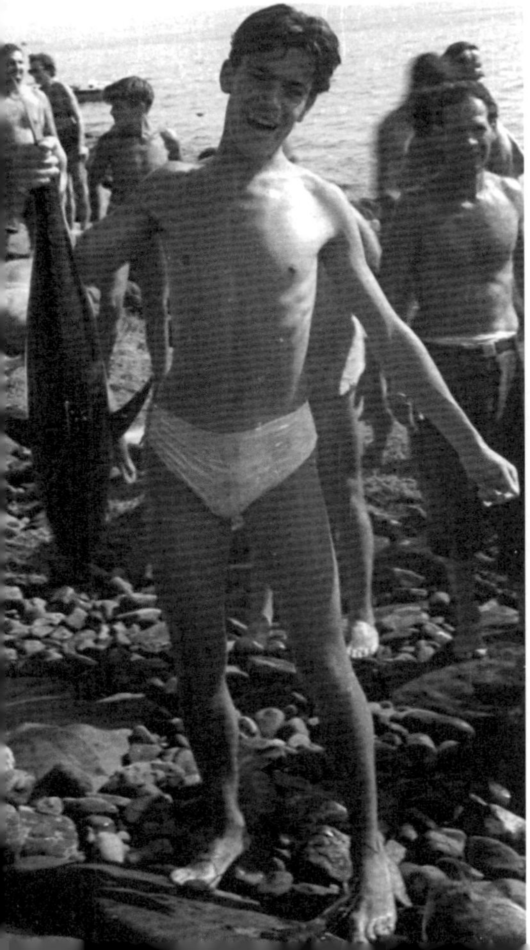

Der Schriftsteller Miroslav Košuta als Knabe

Das ganze Dorf hilft mit, 1947

Auf der tonera, 1940er Jahre

Fette Beute

Alle sind am Strand, 1925

Im Kanu die Küste entlang …
… ist eine originelle Art, die Gegend zu erforschen. Kein noch so kleiner Badestrand bleibt dem Entdecker dabei verborgen. Naturbelassen präsentiert sich die winzige Badebucht direkt unterhalb des Schlosses von Duino. Bestens ausgestattet lockt hingegen die Strandanlage des Seebades *Caravella* in Sistiana. Wild und unzugänglich schließt die Küste der Barbaren an. Wer schon dort war, hat eine vage Vorstellung, wie die *Costa dei Barbari* zu ihrem Namen gekommen sein mag. Gesitteter, wenn auch genauso textillos, geht es zwischen Aurisina und den Filtri zu. Die letzten Meter bis zum Meer klettert man dort über Leitern.

Und der Geheimtipp? Natürlich das *Bella Riva!* Die Abzweigung von der Küstenstraße zum Meer ist leicht zu übersehen, unten angekommen findet man selten einen Parkplatz. Ausdauernde werden aber belohnt: mit einer fabelhaften Küche, einer Terrasse direkt am Meer und einem netten Schotterstrand vor dem Lokal. Gleich nebenan gibt es einen entzückenden Minihafen mit einem kleinen Schlösschen am Meer. Anno dazumal war es ein profaner Industriebau der k.k. Staatsbahnen, vom Zeichentisch desselben Architekten, der das wenige Kilometer entfernte Schloss Miramare plante. Ein paar Schritte weiter, den Fußweg die Küste nach Norden entlang, kommt man zu einem Familien-Nudistenstrand.

Auf die Pfade der Fischer von Santa Croce …
… begibt man sich bei der *Tenda rossa,* einem Ausflugslokal direkt an der Küstenstraße. Gleich neben dem Restaurant führen die ersten Stufen des alten Fischerpfades hinunter zum Meer und zum Hafen von Santa Croce. Man drehe die Zeit um rund achtzig Jahre zurück, es gab noch keine Küstenstraße, da ertönt das *abauta,* das die Ankunft der Thunfische verheißt. Mit einem Mal kommt Bewegung in den Augustnachmittag. Jung und Alt lösen sich aus

der Starre der Sommerhitze und hasten die steilen Stufen Richtung Meer. Das ganze Dorf ist auf den Beinen, die Ersten erreichen den Strand nach zehn Minuten … Man beachte: zehn Minuten vom Dorf hoch oben auf dem Karst, nicht von der *Tenda rossa!*

Die Fischer von Aurisina …

… rannten nicht, sondern schlichen auf dem *sentiero dei pescatori* bis in den kleinen Hafen Canovela de Zoppoli. Zumindest an jenem 16. August, der in die Dorfgeschichte Aurisinas eingehen sollte. Akkurat als in Aurisina die jährliche Prozession zu Ehren des Dorfpatrons San Rocco stattfand, wurden die ersten Thunfische vor der Küste gesichtet. Das schlug Wellen. Ein Flüstern und Wispern schwappte durch die Gläubigen: »Die *tonni,* die *tonni* sind da!« Während die Prozession weiter Richtung Kirche zog, bog der erste Mutige Richtung Meer ab. Einer nach dem anderen folgte. Beim Gotteshaus angekommen, wandte sich der Priester den Gläubigen zu. Die feierlichen Worte blieben dem guten Hirten im Hals stecken. Fassungslos starrte er auf eine leere Piazza. Alle waren bereits unten am Strand. Seinen Schäfchen mangelte es bestimmt nicht am Glauben. Nur galt er ausnahmsweise nicht San Rocco, sondern einem glücklichen Fang. Der Ausgangspunkt des 1,5 Kilometer langen *sentiero dei pescatori* liegt hinter der Schule in Aurisina.

Auch von Contovello …

… führten Fischerpfade hinunter in den Hafen von Grignano. Großteils sind sie in Vergessenheit geraten, doch an die Geschichte, die die Urgroßeltern erzählten, erinnern sich viele noch heute. Jeden Freitag ruderten die Fischer des Dorfes mit ihrem Fang von Grignano um die Halbinsel zur Anlegestelle des Schlosses Miramare. Ein Wettlauf um den Verkauf von Fisch an einen besonderen Kunden begann: Erzherzog Maximilian pflegte den Fisch für seine erlauchten Wochenendgäste höchstpersönlich zu kaufen – und zwar ausschließlich bei den Fischern von Contovello.

Die Fischer von Contovello

Medeazza
Mavhinje
Prečnik
Berje
Kregolišće
325
Cerovlje
S. Giovanni
Slivno
St. Polaj
Vilikidol
Vižovlje
Samatorca
Duino
Sistiana
Praprot
Nabresina
Saliž
Koludrovica
St. Croce
Zgonik
Repen
Gabrovica
Bosiepolje
Prosecco
Briščiki
Scdobba
Grignano
Contovello
Barcola
TRIEST
TRIEST
Pta St. Andrea
Vallone di Muggia
Pta Sottile
Pta Grossa
Muggia
Valle
S. Nicolo
Monti
Oltra
V. di Capodistria
Capodistria
V. Strugnano
Punta-Ronco
Punta Piele
Isola
V. Isola
Strugnano
Mt. S. Marco
226
Mt. Loretto
Mt. S. Donato
Bonini
Gregorič
Sergassi
Manzano
Mt. Maglia
Martolem
217
Burje

Triest

Im La-Bora-torium des Herrn Lombardi

Die Samstagausgabe des *Piccolo* unter den linken Arm geklemmt, den Laptop in der rechten Hand, so steuert Herr Lombardi über die Piazza Unità auf das Café Audace zu. Herr Lombardi ist ein Kreativer, er schreibt Werbetexte. Mit Slogans aus seiner Feder buhlen eine Traumschiff-Flotte und eine Parfümeriekette um Kunden. Doch weder der Luxus von Kreuzfahrten, noch der Duft von Seifen und Shampoos nehmen Herrn Lombardi richtig gefangen. So bleibt ihm Spielraum für eine besondere Passion: Er widmet sich der Welt des Windes. »Die Bora ist das einzig wirklich Originale, das wir in Triest haben«, soll ein berühmter Triestiner Maler einst behauptet haben. Grund genug für Herrn Lombardi, diesem Wind ein eigenes Museum einzurichten.

Das *Museo della Bora* findet man unter www.museobora.org und real … ja wo eigentlich? »Nirgendwo!«, ruft Herr Lombardi begeistert. Er ist sehr stolz auf sein Projekt und »nirgendwo« klingt aus seinem Mund wie eine Adresse, der nur noch Haus- und Türnummer zur vollständigen Angabe fehlen. Dass sein Museum nicht existiert, stört ihn nicht. Für ihn ist es vorhanden. Im Kopf eines *ideatore* – die Berufsbezeichnung gefällt Herrn Lombardi um vieles besser als »Werbetexter« – steckt eben so manches, was dem Normalbürger verrückt erscheint. Ja, man darf es ruhig aussprechen. Herr Lombardi ist ein *pazzo simpatico,* er hat damit kein Problem. Ganz im Gegenteil, er lacht, reißt die Augen weit auf und lässt sie zustimmend auf und ab rollen.

»Nun, ganz abstrakt ist unser Projekt nicht. Wir leisten gerade die Vorarbeit zur Errichtung eines Museums. Alles ist durchgedacht. Es gibt bereits Pläne eines Architekten und wir verhandeln über einen Standort im Hafen. Nur die Finanzierung, etwa fünfzehn Millionen Euro, fehlt. Irgendwie schaffen wir das schon.« Herr Lombardi gibt sich zuversichtlich. Mit »wir« meint er sich und seine Freunde, alle sind sie Mitglieder im »Verein Museo della Bora«. Das Museum ist noch Fiktion, das Ergebnis der bisherigen Arbeit jedoch Realität und im *Magazzino dei Venti,* im Lagerhaus der Winde, zu besichtigen. In der Via Belpoggio 10 dienen zwei fensterlose Räume im Erdgeschoß eines Miethauses als Lager für Wind und Zubehör.

Standortwechsel zum Lokalaugenschein: Das Lagerhaus in besagter Via del Belpoggio präsentiert sich als Rumpelkammer. Auf den ersten Blick und beim näheren Hinschauen erst recht. Windräder in allen Größen, Verkehrsschilder, die vor starkem Wind warnen, ein Moskitonetz, das einen schwarzen Hut gefangen hält, zwei Fensterflügel mit doppelter Verglasung, eine beachtliche Anzahl von leeren Flaschen, dicke Seile sowie allerlei undefinierbares Zeugs liegen verstreut im Raum herum – kreativ verstreut, bitte sehr. »Willkommen in meinem La-bora-torium.« Herr Lombardi betrachtet sein Lagerhaus als Versuchsanstalt, als Laboratorium des Windes und der Fantasie. Wie es sich für einen zukünftigen Museumsdirektor gehört, übernimmt Herr Lombardi die Führung durch sein Reich. Das Thema Wind sei ihm geradezu in die Wiege gelegt worden, erzählt er. »Laut Taufschein trage ich den Vornamen Prospero. Aber alle nennen mich Rino.« Herr Lombardi grinst. Offenbar gibt es Dinge, die empfindet selbst ein *ideatore* als zu kreativ. Prospero, der Zauberer aus Shakespeares Theaterstück »Der Sturm«, und sein Luftgeist Ariel gehören wohl dazu.

Rino Lombardi ist natürlich nur halb so verrückt, wie er sich gibt. Hinter jeder der im Raum verteilten Installationen verbirgt sich eine Geschichte, eine Idee oder eine Vision. Rino beginnt zu erklären. Die Windräder sind Teil des *Girandolart.* Der Tag des Windes findet seit 1998 statt. Jung und Alt versammeln sich im

September in Triest, man lässt Drachen steigen, bastelt Windräder oder kommt, um die Farbenpracht der Windspielzeuge zu bestaunen. Nicht nur die Kinder sind begeistert.

Die zwei Fensterflügel sollen an Stendhal erinnern. Der französische Schriftsteller war im Jahr 1830 als Botschafter seines Heimatlandes in Triest stationiert und wurde nicht müde, gegen die Bora und ihre skurrilen Folgen zu wettern. So wunderte er sich, dass in Triest sämtliche Fenster doppelt verglast waren, manche sogar dreifach. »Das ist tatsächlich einzigartig in Italien. In keiner zweiten Stadt auf dem Stiefel wird man Doppelfenster finden. Kunststück, in keiner zweiten Stadt weht die Bora«, sagt Rino. Er weiß als Triestiner genau, wie ungemütlich der Wind durch die Fensterritzen blasen kann. Stendhal empfand für die Bora wenig Sympathie und konnte Triest nicht leiden. Doch wenn des Abends die Bewohner Triests ihre Kerzen zwischen die Fensterscheiben stellten und der Schein aus den Fenstern die Straßen erhellte, dann erkannte selbst Stendhal, dass Triest anmutige Seiten hat.

Der Hut im Moskitonetz ist dem Schriftsteller Giani Stuparich gewidmet. Er und viele andere Dichter von Weltruhm haben die Bora in ihren Werken zum Thema gemacht. Rino zeigt stolz auf einen Stapel Bücher. Mehr als dreihundert Texte lagern hier in seinem *magazzino:* auf dem Boden, unter dem Tisch oder auf Sesseln. Ein Bücherregal ist unerwünscht, es würde das Durcheinander aus dem künstlerischen Gleichgewicht bringen.

Akribische Ordnung herrscht nur in einer Ecke des *magazzino,* kein Wunder, handelt es sich doch um das Herzstück des Winddepots. Auf einem Mauersims lagern an die hundert leere Flaschen und Dosen sorgsam geschlichtet und beschriftet nebeneinander. Leere Flaschen? Rino wird blass. Wenn es um seine Windsammlung geht, versteht er keinen Spaß. Schließlich ist er Herr über rund hundert Winde aus aller Welt, vom Lüftchen bis zum Orkan. Teils hat er sie selbst eingefangen, teils wurden sie ihm geschickt. Das Prachtstück der Ausstellung ist natürlich die Bora von Triest.

Der *ideatore* hat sie in kleine Konservendosen verpackt. So wird der berühmte Wind als Wahrzeichen Triests an Touristen verkauft. »Man muss die Bora konservieren.« Rino glaubt fest an seine Erfindung. »Die gefürchtete Bora aus den Erzählungen der Großeltern gibt es ohnehin nicht mehr, sie ist Geschichte. An Windstärken, wie wir sie noch in den Fünfzigerjahren hatten, kommen wir heutzutage kaum heran.« Rino teilt diese Ansicht immerhin mit anerkannten Klimaforschern. Obwohl manche meinen, nicht die Qualität der Bora, sondern nur die von Schuhen und Mänteln hätte sich verändert. Bis vor zwanzig Jahren konnte man in den Eisenhandlungen Triests noch *jazini* kaufen. Das waren eine Art Steigeisen. Man schnallte sie auf die Schuhe, um besseren Halt zu finden. In Triest schneit es selten, aber wenn im Winter die *bora scura* durch die Stadt fegt, dann gefriert der Regen im Nu und verwandelt die Straßen in Eislaufplätze. Früher waren an den besonders exponierten Straßenecken Seile gespannt, so konnte man sich quasi verankern und wurde nicht weggeweht. Die Seile gibt es nicht mehr, sie wurden zu begehrten Sammelobjekten von Souvenirjägern, teilweise verschwanden sie über Nacht. Rino zeigt Richtung Moskitonetz auf eine zwei Meter lange Kordel, dick wie ein Unterarm. »Nun ja, wir sind wenigstens ein Museum«, meint er entschuldigend.

Im zukünftigen Museum werden die Halteseile einen Ehrenplatz bekommen. Womit Rino wieder auf sein Lieblingsthema kommt. Natürlich soll es im Museum auch einen Windkanal geben, die Besucher müssen am eigenen Leib spüren, wie sich eine Bora mit 130 km/h Geschwindigkeit anfühlt. Hören kann man sie im *magazzino* schon jetzt. Rino nimmt ein Stück gerippten Isolierschlauch, wie ihn Elektriker verwenden, und wirbelt ihn über seinem Kopf im Kreis. »Novembernacht, Bora, Regen, Sturm«, ruft er und jault dabei wie ein Hund. Das laute Surren des Schlauches erinnert frappant an Windgeheul. Wenn die Sturmbö einer Boranacht tatsächlich so klingt, dann ist an Schlaf wohl nicht mehr zu denken. »Natürlich nicht«, bestätigt Rino, »aber in einer

Stadt, die den Ruf hat, überaltert und vorgestrig zu sein, ist das nur gut. Vielleicht weckt ein bisschen Lärm endlich die Lebensgeister.»

Angeblich wirbelt die Bora in Triest Ideen auf und durchlüftet verstaubte Denkmuster. Sie macht das an rund siebenundsiebzig Tagen im Jahr. Sollte es einmal windstill sein, springt Rino Lombardi ein. An Fantasie mangelt es dem *ideatore* bestimmt nicht.

Borgo Teresiano, 1956

Piazza Goldoni, 1956

Winter im Hafen von Triest, 1929

Molo Audace, 1929

Winterbora, 1929

Piazza Oberdan

Ein Wind namens Bora

Die Bora ist ein böiger Fallwind, der aus Nordosten über die Karsthochfläche Richtung Adria braust und an der Abbruchkante des Karstes bei Triest auf Meereshöhe abstürzt. Dadurch gewinnt der Wind zusätzlich an Geschwindigkeit. Die Rekordwerte liegen bei 165 km/h im Jahr 1896, 151 km/h im Jahr 1902 und 171 km/h im Jahr 1954.

Die Bora hat viele Namen. Mit *Borino* bezeichnen die Triestiner ein laues Lüftchen, *Borona* bedeutet Sturm. Die *Bora scura* wird von Regen und dunklen Wolken begleitet, die *Bora chiara* bringt Sonnenschein, Föhnstimmung und ein türkisblaues Meer.

Das slowenische Wort für Bora ist *Burja.* Die Bora entsteht, wenn sich über Zentraleuropa ein Hochdruckgebiet bildet, während über dem Ionischen Meer ein Tiefdruckgebiet liegt. Die Luftmassen eines Hochdruckgebietes sind schwerer als die der Tiefdruckzone. Nach dem Prinzip der kommunizierenden Gefäße kommt es zu einem Druckausgleich, Luft fließt von Norden nach Süden, und da sich die Erde dreht, weht der Wind in Triest nicht direkt aus Norden, sondern aus Nordosten.

Übrigens, weht in Wien Ostwind, so kann das ab und zu dieselbe Brise sein, die zwei bis drei Tage später als Bora über Triest hinwegfegt. Wenn das Herr Lombardi wüsste! Die zukünftige Bora Triests, eingefangen und abgefüllt in Wien – der Überbringer dieses besonders kuriosen Exponats für die Windsammlung wird bestimmt zum »Sonderbotschafter des Windes« ernannt.

— *Bora Bora* —

Das Museo della Bora …

… kann zwar noch nicht besichtigt werden, das *Magazzino dei Venti* in der Via Belpoggio 10 hingegen jederzeit – gegen Voranmeldung mittels Mail. Wer die Windsammlung des Herrn Lombardi erweitert, wird in den Status »Botschafter des Windes« erhoben und bekommt eine Ehrenurkunde.

Bora in scatola …

… nennt sich Lombardis kreative Idee. Die kleine blaue Dose mit genauer Anleitung, wie man am besten mit dem Inhalt, sprich mit der Bora, umgeht, gibt es in Buchhandlungen, zum Beispiel in der Libreria Transalpina, zu kaufen.

Girandolart …

… ist ein Wortspiel aus *girandola,* dem italienischen Wort für Windrad, und *art,* dem englischen Wort für Kunst. Der Tag des Windes findet jährlich im September in Triest statt. Das Programm begeistert große und kleine Kinder, für Erwachsene stellen namhafte Künstler ihre Windskulpturen und Windspiele aus.

Die Spuren der Bora …

… sind in Triest nicht zu übersehen. So sind zum Beispiel die Molen stets nach Nordosten gerichtet. Dadurch können Schiffe selbst bei starker Bora am Kai anlegen. Die Flügel der Bronzefigur auf der Spitze des Leuchtturmes wurden durchlöchert, um der Bora möglichst wenig Widerstand zu bieten. Die engen Gassen links und rechts der Via Cavana nennen die Triestiner *le fodre,* das Mantelfutter, das vor Kälte schützen soll. Und nicht zuletzt gibt es natürlich auch eine Via della Bora.

Die Barcolana …

… findet jedes Jahr am zweiten Oktoberwochenende in Triest statt und ist in der Kategorie der offenen Klasse mit rund zweitausend Teilnehmern eine der größten Segelregatten im Mittelmeer. Die Wahrscheinlichkeit, dass zu dieser Jahreszeit die Bora weht, ist groß. Die Barcolana entstand gegen Ende der Sechzigerjahre und hatte ursprünglich den Charakter eines zwanglosen Festes. Im Laufe der Zeit entwickelte sich daraus ein sportliches Großereignis. Wie so oft stehen heutzutage Werbung und Sponsoring im Mittelpunkt der Veranstaltung. Das Feiern haben die Triestiner aber nicht vollständig verlernt. Während der Barcolana macht die Stadt mit zahlreichen Kiosken und buntem Leben und Treiben alles andere als einen verschlafenen Eindruck.

Barcolana

Cividale
-del Friuli
Merso
S.Leonardo
Purgessimo
Rubignacco
Bottenicco
Carraria
655
Cigale
Gagliano
Firmano
Ipplis
Prepotto
Azzano
Colobrido
Vercoglia
Mernico
Cosbana
Dolegna
Craoretto
Olcis
Nebola
St.Martin
Bigliana
Manzano
Corno
di Bassazzo
Medana
Dolegnano
Brazzana
Bolzano
269
Spessa
Cormons
(Karmin)
Capriva
Mossa
Moraro
Borgnano
Chiopris
Medea
S.Lorenzo a.Mossa
Corona
Mariano
Fratta
S.Vito
Versa
Farra
Romans
Gradisca
Tapogliano
Campolongo
Sagrado

Collio

Im Kirschgarten des Kaisers

Es schneit, und das im April. Ganz offensichtlich waren die Gipfel der karnischen Alpen vergangene Nacht zu einem letzten Tête-à-tête mit Frau Holle verabredet. Ans frühlingshafte Tageslicht gebracht wird das Ausmaß des Stelldicheins sichtbar: Im Norden glitzert eine schneeweiße Bergkette zwischen dem Giftgrün der Hügel und dem Blitzblau des Himmels. Als ob der Frühling nur auf diese Kulisse gewartet hätte, läuft er nun zur Bestform auf. Ein lauer Wind fegt über das Feld und aus den kahlen Knorren der Weinstöcke schießen die ersten Sprösslinge hervor. Über den Rebzeilen schwebt der Geruch nach Erde, in den Gärten mischt sich der Duft des ersten Rasenschnittes mit dem von frischen Frühlingskräutern.

Schnee, scheint auch Paolo Pizzul zu denken. Sein Blick pendelt zwischen seinem Garten und den Bergspitzen. Aus der Krone des Kirschbaumes segeln hunderte Blütenblätter zu Boden und begraben Veilchen und Vergissmeinnicht unter sich. Im Nu liegt eine weiße Spitzendecke über dem Land. »Die Zeiten haben sich geändert«, sagt Paolo nachdenklich, während er den Kirschbaum fixiert. Dabei beschäftigt ihn spürbar etwas anderes als die Kapriolen eines launischen Aprils. »Wir Pizzuls haben einst von den Kirschen gelebt, und das gar nicht schlecht«, erklärt Paolo und beginnt seine Familiengeschichte zu entstauben.

Einst, heißt so viel wie vor gut hundert Jahren. Die gefürstete Grafschaft Görz und damit das Collio war eines der südlichsten Kronländer der Habsburgerreiches und aufgrund des milden Klimas seit jeher Weinland. Aber nicht nur. »Der ganze Hügel war voller Obstbäume, neben Wein wurden hier Zwetschken, Marillen, Pfirsiche, Feigen, Oliven, Maroni und in großen Mengen Kirschen geerntet.« Paolo zeigt mit bedeutungsvoller Geste auf die Hügel hinter Cormons. Nicht nur der Monte Quarin, der Hausberg des Ortes, wirkte zur Zeit der Kirschblüte wie tief verschneit. Cormons war wegen der verkehrsgünstigen Lage das Tor zum Collio, das Tor zu einem Obstgarten. Die heutige Grenze zu Slowenien, keine fünf Kilometer entfernt, gab es noch nicht. Sie trennte erst knapp fünfzig Jahre später das Collio in einen italienischen und einen slowenischen Teil. Um die Jahrhundertwende brachten die Menschen ihre Produkte aus allen Teilen der Brda – aus Medana, Dobrovo und Šmartno – nach Cormons auf den Markt. »Lass dich von der Bezeichnung *mercato* nicht irreführen.« Paolo grinst. Denn das, was sich auf der Piazza abspielte, hatte nichts mit braven Bauersfrauen zu tun, die ein paar Kilo Kirschen verkaufen und sich derart ein Zubrot verdienen wollten. Cormons war in diesen Tagen *der* Umschlagplatz für die gesamte Ernte und das Zentrum des Großhandels für Kaufleute aus allen Landstrichen der Monarchie. So hieß es pünktlich im Juni: Die Juden aus Wien sind wieder da. Was so viel hieß wie: Kirschen und Zeit sind reif für das große Geschäft.

Mit dem Verkauf der Kirschen begann man frühmorgens um fünf. Kirschen außerhalb des Marktes anzubieten, war streng verpönt. Die Ware musste direkt vom Umland auf die Piazza gebracht werden. In der Via Dante sieht man noch heute Eisenringe aus der Steinmauer ragen. Dort wurden die Tragtiere angebunden, bis es wieder nach Hause aufs Land zurückging. Ein akkurater Marktaufseher wachte darüber, dass alles rechtens ablief. Noch viele in Cormons erinnern sich an den resoluten Grassetti, der sehr aufbrausend sein konnte, wenn er die Körbe nicht penibel nach verschiedenen Sorten und Qualitäten geordnet vorfand. In Reih und Glied standen die Bauern da und warteten auf das Zeichen Grassettis. Dann erst durften sie die weißen Tücher von den Körben nehmen und mit dem Handel beginnen. Wie es sich für einen südlichen Markt im Vielvölkerstaat gehörte, feilschte man auf Italienisch, Slowenisch, Friulan, auf Jiddisch, mit Händen und Füßen – und manchmal auch auf Deutsch. War man sich einig, wurden die Körbe als verkauft markiert. Der Käufer erhielt eine Quittung und verhandelte mit dem Nachbarn über die nächste Tranche. Dem Verkäufer war es ab diesem Moment verboten, die Kirschen an einen allfälligen Besserbieter abzugeben. Letztlich wurden die Körbe auf der Gemeindewaage nachkontrolliert und anschließend in die umliegenden Magazine der Cormoneser Obsthändler gebracht. »Unser Geschäft, das der Pizzuls, lag direkt auf der Piazza, genau dort, wo jetzt die Enoteca ist. Hier wurden die Kirschen kommissioniert und verpackt. Eisgekühlt transportierte man sie dann nach Wien, Warschau und St. Petersburg.«

Das »Magazzino Pizzul« und die Lager der anderen Obsthändler sind längst verschwunden – spurlos verschwunden, bis auf ein winziges Detail. Wer bei der Piazza ums Eck, in der Via Nazario Sauro, dem Figaro einen Besuch abstattet, wundert sich vielleicht über eine grüne Eingangstür aus Holz mit eingeschnitzten Kirschen in rot: Vor hundert Jahren betrat man hier nicht den Frisiersalon, sondern das Obstkontor der Clements.

Doch ordentlich Haare lassen konnte man in der Via Sauro bereits damals. Der Preis für ein Kilo Kirschen pendelte je nach Menge und Qualität der Ernte in guten Jahren um eine Krone herum. Man stelle sich vor, eine Krone, nach heutigem Wert circa 4,70 Euro für ein Kilo Kirschen. Ein stolzer Preis, und das am Großmarkt von Cormons. Wie viel erst würde ein Kilo Kirschen in der Hauptstadt, in Wien, bringen?

»Genau das dachte eines Tages auch mein Großonkel Pietro Pizzul. Kurzentschlossen schaltete er den Zwischenhandel aus und übersiedelte mit seinen Söhnen nach Wien, um dort ein Geschäft zu eröffnen.« Paolo erinnert sich gerne an seine tüchtigen Verwandten, obwohl es zwischen den Familien keinen Kontakt mehr gibt. Man verlor sich aus den Augen und die gemeinsamen Wurzeln gerieten in Vergessenheit, als es nach dem Zweiten Weltkrieg mit dem Kirschen- und Obsthandel steil bergab ging. Plötzlich zog sich eine Trennlinie durch ein Gebiet, das seit Menschengedenken immer eins gewesen war. Cormons wurde von seinem Hinterland abgeschnitten, die Brda slowenisch. Der Handel Richtung Wien kam zum Erliegen, da die jüdischen Händler fehlten, man orientierte sich nach Italien, doch den Kirschen aus dem Collio fehlte in Rom der südländische Reiz. Im Collio setzte man daher zunehmend auf Wein und die Obstgärten mussten den Reben weichen. Nun ja, es gibt Schlimmeres.

Ob denn der alte Haudegen in Paolos Garten der einzige weißblühende Zeuge der Vergangenheit ist? Paolo lacht. »Nein, das doch nicht.« In der Gegend um Pradis und Plessiva ducken sich die Kirschbäume noch immer zwischen Weingärten und Hügeln. Von San Floriano über Plessiva und weiter über Dolegna bis nach Albana führt sogar eine Kirschenstraße, schlecht beschildert und nicht wirklich aufregend, aber immerhin. »Offen gestanden, den Kirschgarten des Kaisers gibt es im italienischen Collio schon lange nicht mehr. Um das wilde Nebeneinander von Obstbäumen, knorrigen Weinstöcken und verstreuten Rebzeilen zu sehen, muss man in die slowenische Brda hinüber … und noch ein paar Monate warten. Denn erst die unterschiedliche Herbstfärbung lässt erkennen, wie ursprünglich und vielfältig die Landschaft dort noch ist. Der Stillstand während der kommunistischen Jahre hatte, was das betrifft, sogar etwas Gutes.« Paolo seufzt und blickt nach Norden. Noch ist Frühling. Woran Paolo denkt, ist leicht zu erraten: Bestimmt strahlt in seinem Kopf das Blütenweiß der Hügel mit dem Schneeweiß der Berggipfel um die Wette. Und wie der Tupfen auf dem i hockt auf allen Hügeln der Brda ein Kirchlein … selbstredend in weiß.

Das Beste daran? Seit die Grenze zwischen Italien und Slowenien nur noch auf der Landkarte besteht, liegt die weiße Pracht wieder einen Katzensprung von Cormons entfernt. Die Zeiten, als man für die fünf Kilometer nach Medana eine halbstündige Fahrt über den nächsten internationalen Grenzübergang in Kauf nehmen musste, gehören der Vergangenheit an.

Die Kirschen werden nach Cormons gebracht

Das Collio war in der Monarchie eines der wichtigsten Obstanbaugebiete des Reiches. Mit der Eröffnung der Eisenbahnlinie Triest-Udine im Jahr 1860 und dem Anschluss an die Südbahn entwickelten sich die Städte Görz und Cormons zu den Hauptumschlagplätzen für den Verkauf und Weitertransport des Obstes. Der Handel mit Kirschen stellte dabei den Schwerpunkt dar. Das Jahr 1912 brachte eine besonders reiche Ernte: Auf der Piazza Locatelli in Cormons, der heutigen Piazza Maggio XXIV, wurden unglaubliche 10.418 Zentner Kirschen umgesetzt. Zur Zeit der Kirschenernte waren die jüdischen Händler aus Wien derart zahlreich, dass man für die Dauer ihrer Anwesenheit eine provisorische Synagoge einrichtete. Neben dem Handel mit Kirschen spezialisierte man sich auf das Trocknen von Früchten. Unter dem Namen Görzer Prunellen wurden Dörrzwetschken entweder in Luxusverpackungen konfektioniert und in ganz Europa verkauft oder in Holzfässern bis nach Amerika verschifft. Aber Cormons war nicht nur der Ausgangspunkt des Obstexportes. Je nach Saison wurde auf der Piazza Locatelli auch mit Gemüse, Wildbret, Saatgut, Blumen und Geflügel gehandelt. Am ersten Montag im Monat fand um den Foro Boario ein Viehmarkt statt und jeden Mittwoch und jeden Freitag war Wochenmarkt. Im Juni feilschten die einen auf der Piazza del Teatro um Seidenkokons, während sich die anderen in der Via Brolo um Fässer anstellten.

Der Preis für ein Kilo Kirschen am Großmarkt von Cormons schwankte zwischen 26 Heller und 1,24 Kronen. Eine Krone entsprach nach heutiger Kaufkraft 4,70 Euro. Damals kostete die »Neue Freie Presse« 0,12 Kronen, eine Memphis-Zigarette 0,05 Kronen. Für hundert Kilometer Eisenbahnfahrt musste man 5,90 Kronen berappen, ein Arbeiter verdiente pro Tag rund 3,50 Kronen und das Salär Gustav Mahlers für eine Saison von Jänner bis April an der New Yorker »Met« betrug sagenhafte 75.000 Kronen.

Kirschmarkt in Cormons

Im Lager des Pietro Pizzul

Markt auf der Piazza XXIV Maggio

Die Kir(s)chenstraße entlang durch Collio und Brda …
... mehr als dreißig Kirchen sind des Guten fast zu viel. Die Wahl fällt schwer. Vrhovlje bei Kožbana mit herrlicher Aussicht und frühgotischen Fresken? Oder Gradno in exponierter Lage und dem Kreuzwegzyklus von Zoran Mušič? Oder Kozana mit dem eigenwilligen Glockenturm? Oder schlicht ein einfaches Kirchlein in einem der Nester, in dem sich die Füchse Gute Nacht sagen, während der Wirt wortlos Jota und Rebula auf den Tisch stellt oder *orzotto con sclopit* serviert. *Sclopit* (deutsch: Leimkraut; ital.: *stridolo;* lat.: *silene vulgaris;* friulan.: *sclopit*) ist ein Frühlingsgewächs und wird gerne als Zutat für eine Art Risotto aus Rollgerste (*orzo*) verwendet.

Mit der Seele baumeln …
… kann man am besten auf der Piazza Maggio XXIV in Cormons. Vor der Enoteca wärmt die Frühlingssonne das Gemüt. Genau hier fanden der Kirschenmarkt und ein kosmopolitisches Leben und Treiben statt. Bis ins Jahr 2012 zeugte ein verblasster Schriftzug gegenüber des Brunnens vom Getümmel auf dem Platz: *latrine pubbliche* – die öffentliche Anstalt für die höchst privaten Bedürfnisse von ein paar hundert Leuten während der Marktzeiten. Mit einer nostalgischen Schweigeminute zollt man der Vergangenheit Respekt, dann darf man sich getrost der Gegenwart zuwenden. Zehn Spitzenweine zu kosten hat manchmal doch mehr Charme, als zehn verschiedene Kirschensorten zu probieren.

Lust auf …
… einen Imbiss im Grünen? Wie wäre es mit einer Teilnahme am obligaten Osterpicknick? Am Ostermontag gehört es in Cormons zum guten Ton, den Proviantkorb zu packen und Richtung Monte Quarin zu ziehen.

Bier statt Wein – anno dazumal auf der Piazza XXIV Maggio

Viarte sul Monte …

… nennt sich ein heiteres Frühlingsfest. Hat man das Beisammensein am Monte Quarin zu Ostern versäumt, bietet der Mai eine zweite Chance. Um und auf dem Monte Quarin öffnen die Bürger von Cormons ihre Türen. Die Viarte findet am Sonntag im Mai statt, an welchem genau, weiß man nur in Cormons, bei Schlechtwetter ist es jedenfalls der darauffolgende. Mit dem Termin nimmt man es nicht so genau, die Einheimischen sind ohnehin da. Häuser und Höfe entlang der Bergstraße verwandeln sich für einen Tag in Gastgärten und Ausschanken, es wird viel gelacht, getanzt und gespielt. Schnelle Walzer auf der Ziehharmonika oder langsame Weisen beim Nachbarn ums Eck.

Tierisches …

… wird im Mai geboten. Schwerelos segeln sie von Dorf zu Dorf, stumm gaukeln sie in den Hügelwellen auf und ab. Als winzige Leuchtpunkte pilotieren sie am Rand von Cormons, zwischen Pradis und Brazzano hin und her. Über die *lucciole* im Friaul schrieb einst schon Pasolini, auch Peter Handke haben sie es angetan: die Glühwürmchen. Ihr Leuchten ist Ausdruck der Liebe, denn sie suchen einander. Und wir Menschen finden es romantisch und schön.

Ursprünglichkeit …
… findet man im Collio überall. Das mag auch daran liegen, dass die Vielzahl an Agriturismen, schicken Locations und Wein-Spots erst in den letzten zehn bis zwanzig Jahren entstanden ist. Zuvor war das Collio Bauernland.

Ein Beispiel, stellvertretend für die Entwicklung im Collio, ist die Geschichte des Winzerhofs Zorzon in Brazzano. Im Jahr 1898 erblickte Luigi Zorzon, der Großvater des jetzigen Familienoberhauptes, in Brazzano das Licht der Welt. Man ließ ihm eine altösterreichische Erziehung angedeihen und schickte ihn nach St. Paul im Lavanttal aufs Gymnasium. Aus Kärnten kam ein junger Herr zurück und damit war die Berufsausbildung auch schon abgeschlossen. Der *nonno* war Zeit seines Lebens ein »Herr« – Gutsherr und Unternehmer. Er legte den Grundstein des heutigen Betriebes, hatte stets neue Ideen und sorgte wohlwollend für seine Pächter. Bis ins Jahr 1970 schaffte es Luigi Zorzon, die Welt von gestern gekonnt zu kultivieren. Im heutigen Wohnhaus der Familie lebten bis dahin drei Familien, die *coloni,* die Pächter. Sie genossen freie Kost und Logis. Die Früchte ihrer Arbeit und Luigis Besitzes wurden im Verhältnis 50:50 geteilt. Gemeinsam gewann man Preise für »die besten Kartoffel«, »den besten Jungstier« oder »den besten Tocai« … ob von ganz Brazzano, ganz Friaul oder ganz Italien ... so genau will es die Familie gar nicht mehr wissen.

Erst 1970 wurde das Lehenssystem abgeschafft, die Pächter wurden zu Angestellten. Wenige Jahre später begann Luigi Zorzon als erster im Collio den Wein maschinell in Flaschen abzufüllen. Bis dahin verkaufte man nur in der *damigiana,* im Weinballon. Als Luigi Zorzon 1988 starb, übersprang man in der Thronfolge eine Generation und seitdem führt sein Enkel Giorgio den Betrieb.

Unter Giorgios Führung ging es Schlag auf Schlag: Konzentration auf den Weinbau, Eröffnung eines Agriturismo im Jahr 2002 – die Kühe machten Platz für schicke Fremdenzimmer in den Räumen des ehemaligen Stalles. Seinen Wein exportiert Giorgio heute nach fast ganz Europa, Japan, Malaysien und in die USA. Nonno Luigi hätte seine pure Freude daran!

Im Weinkeller, 1900

Cormons

Grignano
Contovello
Opčina
Barcola
Hotel
Banne
Belvedere
451
Trebič
Mt. Cal
448
TRIEST
Pta St. Andrea
Padrich
406
Mt. Spaccato
Vallone di Muggia
Rizmanje
St. Pantaleone
Loog
Pta Sottile
Pta Grossa
Muggia
Nogliera
Valle
Caresana
S. Nicolo
Moni
V. di Capodistria
Plavia
Oltra
Bastica
Antignano
Capodistria
Rosari
Decani
Mt. S. Marco
226
Popecchio
Mt. S. Donato
Bonini
Gregorici
Turki
Sergassi
Manzano
Burje
Loparo
Padena
Figarola
Trusche
Costabona
Zupanic
Boste
Labor
Puzzole
Trebesse

Triest

Das Geheimnis des Domenico Rossetti

Gerade noch schützten die Baumriesen im Park das Lapidarium vor der glühenden Augustsonne, jetzt halten sie eine andere Urgewalt fern. Hinter dem Hügel von San Giusto sind binnen weniger Minuten schwarze Wolken aufgezogen. Und just über dem Lapidarium, einen Steinwurf von der Kathedrale entfernt, entladen sie sich. Viele Besucher flüchten vor der Hektik rund um die Kathedrale hierher, um sich im Schatten hoher Platanendächer kurz auszuruhen, oder kommen gezielt, um das Ambiente von Steinfragmenten, Säulen und Büsten unter freiem Himmel still auf sich wirken zu lassen. Die Reste antiker Kunst liegen im Lapidarium lose im Gelände verstreut oder flankieren, nach Themenbereichen gruppiert und durch Flachdächer vor der Witterung geschützt, den Weg durch den Park. Das Hauptinteresse der Besucher gilt aber meist Johann Winckelmann, besser gesagt dem Denkmal des in Triest ermordeten Altertumsforschers. Auch die Gruppe deutschsprachiger Touristen ist wohl aus diesem Grunde hier.

Nun zeigt sich die Romantik einer Ausstellung im Freien von ihrer wilden Seite, denn plötzlich prasselt der Regen auf Mensch und Stein. An antike Säulen gedrängt versucht man unter schmalen Kapitellen Zuflucht zu finden oder unter einem nahen Baum möglichst trocken zu bleiben. Einige denken laut über einen Sprung in den Regen nach – hinunter zum Haupthaus, in das Museo Civico, andere drängen sich stumm um den Stamm und beginnen ob kurzer Hosen und ärmelloser Leiberl zu frösteln. Nur eine trägt einen Regenschirm mit sich. Umständlich entfaltet sie das Unikat und ihre weißen Löckchen wippen wichtig dabei. Nach einiger Zeit lugt sie zufrieden unter ihrem Privatdach hervor. Für die Schirmlosen hat sie einen guten Ratschlag parat: »Ach was, große Geister stört ein bisschen Regen nicht.« Die meisten schweigen genervt, einige schmunzeln trotz der Nässe über das verbale Eigentor. »Signora, Sie meinen damit sicher denjenigen, der für diese Sammlung antiker Kostbarkeiten verantwortlich ist, nicht wahr. Und Sie haben recht, er war ein großer Geist und an Unwetter über Triest gewöhnt, zumindest an die politischen um das Jahr 1800.« Wenigstens einer unter dem Baum versucht die Arme zu retten, zeigt Verständnis oder schlicht italienischen Charme. Dutzende Blicke bündeln sich auf den Sprecher. Dunkler Anzug bei eben noch sechsunddreißig Grad im Schatten, hellblaues Hemd, dezente Krawatte, vornehm, distinguiert, das italienische *distinto* trifft es perfekt. Wobei es nicht nötig ist, nach italienischen Attributen zu suchen, denn der Fremde spricht fließend Deutsch. Die Weißhaarige schließt den Retter ihres Scherzes sogleich ins Herz und erkundigt sich gezielt über das Wetter in Europa vor gut zweihundert Jahren. Die Antwort kommt zögernd, unsicher, ob die französischen Übergriffe auf Triest, beginnend mit der Invasion unter General Murat im Jahr 1797, eine Gruppe von versprengten Österreichern ernsthaft interessieren kann.

Natürlich! – »Va bene.« Triest wurde insgesamt dreimal von den Truppen Napoleons besetzt. Wie erwähnt, 1797, 1805, und weiters 1809 bis 1813. Während der letzten Okkupation habe sich Domenico Rossetti vollständig aus der Politik und aus allen öffentlichen Ämtern zurückgezogen. Domenico wer? Hat schon General Murat für Unruhe unter den versammelten Bildungsbürgern gesorgt, so überfordert Domenico Rossetti noch mehr. »Conte Domenico Rossetti de Scander«, erklärt der Fremde, »war ein Triestiner, der viel für die Stadt übrig hatte. Der Ort, an dem wir hier stehen, die Sammlung von Steinfragmenten, Inschriften und sonstigen stummen Zeugen der Antike, ist sein Lebenswerk.« Der Vortrag fängt an spannend zu werden. Nicht zuletzt dank des Unbekannten, den das zunehmende Interesse der Zuhörer zu reizen scheint. Dass der Mann, gut zehn Jahre jünger als im besten Alter, alles andere als ein Fremdenführer ist, erkennt man sofort. Jedenfalls hat er einen persönlichen Zugang zu dieser Geschichte, so viel steht fest. Und obendrein einen außergewöhnlichen zu Triest. Nicht nur die weißhaarige Dame ist hingerissen, auch die anderen sind plötzlich ganz Ohr und lassen ihre Blicke folgsam durch das Lapidarium wandern.

Für den Blick zurück in das Triest des Jahres 1809 und auf das Leben des Domenico Rossetti sorgt weiter der Herr im Anzug. Domenico Rossetti war der Enkel des Kaufmannes und Austernzüchters Domenico Perinello. Der aus Venedig stammende Perinello hatte es im prosperierenden Triest des 18. Jahrhunderts zu ansehnlichem Wohlstand gebracht. »In der Rossetti-Familie tragen die Söhne seit Generationen abwechselnd die Namen Domenico und Antonio. Auf einen Domenico Rossetti de Scander folgt also seit zweihundertfünfzig Jahren stets ein Antonio und so fort.« Das Touristengrüppchen zeigt sich amüsiert und will es nun ganz genau wissen.

Gerne! Domenico Rossetti studierte Philosophie in Graz und Recht in Wien, schließlich promovierte er im Jahr 1800 zum Doktor juris. Zurück in Triest wurde er in den Patrizierrat berufen und damit betraut, das Stadtstatut neu zu gestalten. Der letzte Einmarsch der Franzosen im Jahr 1809 bedeutete für Triest allerdings den Tiefpunkt in ohnehin schlechten Zeiten. Die Wirtschaft kam zum Erliegen, das Leben in der Stadt stand still und Domenico Rossetti widmete sich während der vierjährigen Okkupation lieber den schönen Dingen des Lebens, soweit ihm dies möglich war. In diese Zeit fällt die Gründung der *Società di Minerva,* die allen sozialen Schichten plötzlich Bildung anbot. Dort konnten selbst einfache Menschen aus dem Volk italienische Literatur studieren oder sich mit Geologie und Mineralien beschäftigen. Rossetti selbst erforschte Meeresalgen und den Karst und ging den Problemen der

Wasserversorgung Triests auf den Grund. Während dieser Jahre plante Rossetti das Grabmal für den Archäologen Winckelmann, der vierzig Jahre zuvor in Triest erdolcht worden war. »Das Winckelmann-Denkmal ist dort unten rechts.« Eine vage Geste deutet an, in welche Richtung man nach dem Regenguss gehen könne.

Im Jahr 1813 fiel Triest an die Österreicher zurück und Domenico Rossetti wurde wieder politisch aktiv. Er war ein Vordenker, erkannte, dass die Monarchie auf Dauer nur dann funktionieren würde, wenn man den Völkern Autonomie zugesteht. Damit war er seiner Zeit weit voraus. Mit seinen Forderungen stellte er sich aber nie gegen den Kaiser. Irredentistische Gedanken, wie sie fünfzig Jahre später populär wurden, waren ihm fremd. Auch am österreichischen Hof schätzte man den klugen Kopf. Rossetti wurde im Jahr 1818 als Prokurator Triests eingesetzt und vertrat so offiziell die Interessen der Stadt. Glühend an Geschichte interessiert, hatte er einen Hang zur Idealisierung des Althergebrachten, was seine Gegner an ihm kritisierten.

»Rossetti hatte meiner Meinung nach Recht. Die Menschen sollten viel mehr aus der Geschichte lernen«, sagt der Herr im Anzug bestimmt. Zustimmendes Murmeln, kurzes Schweigen. Die Weißhaarige fühlt sich zur Sprecherin berufen, schließlich ist ihr die interessante Konversation zu verdanken. Neugierig fragt sie: »Verraten Sie uns Ihren Namen?« Die Antwort kommt prompt. »Domenico«, sagt der Fremde und schmunzelt. Für ihn ist sein Name sichtlich ein Stichwort, um weiter über Domenico Rossetti zu erzählen. Nach Rossettis Vorstellung sollte Triest wieder vom alten Patrizierrat regiert werden. Der *Consiglio dei Patrizi* hatte die Geschicke der Stadt seit 1382 bis zur französischen Besatzung gelenkt. Rossetti stellte sich damit gegen den Zentralismus aus Wien. Als Josef II. die Herrschaft von Maria Theresia übernahm, machte er die Idee eines zentral regierten Staates zur Grundregel für das Funktionieren der Monarchie. Im Mittelpunkt der politischen Visionen Rossettis hingegen stand stets die Stadt Triest, ihre italienische Eigenständigkeit, ihre Kultur, ihre Sprache. Rossetti verkörperte eine Italianità auf höchstem Niveau und gründete mit dem *L'Archeografo triestino* eine weitere kulturelle Institution. Die Zeitschrift beschäftigt sich mit der Geschichte Triests und ist die älteste Italiens. Noch heute erscheint sie regelmäßig.

Domenico Rossetti war aber alles andere als ein abgehobener Theoretiker, er hat in der Stadt Triest auch sichtbare Spuren hinterlassen. Auf seine Initiative legte man den römischen *Arco di Riccardo* frei, Rossetti beteiligte sich aktiv an der Planung der Stadt und ließ ein Spital erbauen. Seine wertvolle Sammlung von Werken Petrarcas, immerhin die drittgrößte der Welt, vermachte er der Stadt Triest. Als Bewunderer Winckelmanns, des Begründers der modernen Archäologie, sammelte er in Triest, Friaul und Istrien Kunstwerke und Fragmente aus römischer und vorrömischer Zeit, die nun im Lapidarium ausgestellt sind. »Einen Rundgang in diesem wundervollen, romantischen Park kann ich Ihnen wirklich empfehlen«, rät Domenico und schickt sich an, zu gehen. Es regnet nicht mehr und die letzten Tropfen haben sich aus den Baumkronen gelöst. Domenico wünscht einen schönen Aufenthalt in Triest, er müsse nun wirklich weiter, seine Geschäfte warteten auf ihn. Der als Abkürzung durch das *Lapidario* gedachte Weg habe ob des Gewitters schon viel zu lange gedauert. Halt, hiergeblieben, so schnell lässt ihn die Weißhaarige nicht ziehen. »Woher wissen Sie das alles, Herr Domenico?«, fragt sie auf die direkte Art, wie ältere Damen jüngere Menschen zu verhören pflegen. Domenico lächelt fein, für einen Moment blitzt es in seinen Augen gewitzt, dann antwortet er ernst: »Gnädige Frau, lassen Sie es mich so formulieren, mein Vater Antonio würde sagen, es wurde mir in die Wiege gelegt.«

Hafen von Triest, 1905

Rossetti-Denkmal, 1906

Triest hat eine Josefstadt, Gründerzeithäuser und einen Zentralbahnhof, der einmal den Namen Südbahnhof trug. Seit 1857 verbindet eine Eisenbahn den Südbahnhof der einen mit dem Südbahnhof der anderen Stadt. Anders gesagt … seit damals bildet die Bahn die Nabelschnur zu Wien. Triest hatte sich bereits im Jahr 1382 unter die Schutzherrschaft des Habsburgerreiches gestellt. Der eigentliche Aufschwung der Stadt Triest begann im Jahr 1719, als die Stadt zum Freihafen erklärt wurde. Aus einem Fischerdorf mit rund viertausend Einwohnern entwickelte sich bis zum Ende des 18. Jahrhunderts ein Handelszentrum mit knapp dreißigtausend Bewohnern.

Das 18. Jahrhundert war von der Regentschaft Maria Theresias geprägt. Die Umgestaltung Triests nach den Vorstellungen der Kaiserin bestimmt das Stadtbild bis heute. Unter anderem ließ sie ein Aquädukt errichten sowie die Salinen vor der Stadt trockenlegen. Auf diesem Gelände entstand das Borgo Teresiano. Ein Blick auf den Stadtplan und die rechtwinkelig angeordneten Straßen rund um den Canal Grande macht deutlich, dass das Viertel auf dem Zeichenbrett entstanden ist. Josef II. erweiterte die Stadt um das Borgo Giuseppino, Triest blühte auf. Solange bis Napoleon über Europa hinwegfegte. Der wirtschaftliche Stillstand dieser Jahre lässt sich gut am Schicksal des Kaufmannes Julian Casali demonstrieren. Der Rum- und Punsch-Produzent stellte 1810 ein Gesuch an den Kaiser zur »Übersetzung der k.u.k. Rosolio, Arak und Punschessenzen-Fabrik Casali nach Wien«. Er sah in Triest keine Zukunft mehr. Der Gesamthandel war in Triest seit dem Jahr 1804 von fünfundsiebzig Millionen auf zwei Millionen Gulden geschrumpft. So sahen Krisen in früheren Zeiten aus.

Nach 1815 erholte sich Triest zusehends. Ein neuer Aufschwung begann, bis zum Ersten Weltkrieg erlebte Triest als wichtigster Hafen der Monarchie einen einmaligen Höhenflug, die

Bevölkerung wuchs auf 235.000 Menschen an. Politisch war die Periode durch einen deutsch-österreichisch dominierten Zentralismus geprägt. Wien hatte das Sagen, politische Autonomie war im 19. Jahrhundert verpönt. Hatte Domenico Rossetti mit Loyalität, Umsicht und Fingerspitzengefühl versucht, den Habsburgern eine Autonomie der Stadt Triest schmackhaft zu machen, so änderte sich der Tenor in der zweiten Hälfte des 19. Jahrhunderts radikal. Das italienisch-nationale Gedankengut eines Giuseppe Garibaldi fiel gerade in Triest auf fruchtbaren Boden. Die Nationalen nannten sich Irredentisten, was so viel wie die Unerlösten, die unter Fremdherrschaft Stehenden, bedeutet. Ihr Ziel war ein »Mare Nostrum«, also eine Adria mit italienischen Ufern vom Stiefel bis nach Istrien. Die Aktivitäten der Irredentisten gipfelten im Jahr 1882 in einem geplanten Attentat auf Kaiser Franz Joseph I. Der Monarch war im September 1882 anlässlich der 500-Jahr-Feiern nach Triest gereist. Man verhaftete den Trientiner Wilhelm Oberdank, der sich später Guglielmo Oberdan nannte. In seinem Gepäck hatte man zwei Bomben gefunden. Er wurde im Dezember desselben Jahres gehängt und unmittelbar nach seinem Tod zum italienisch-nationalen Märtyrer erklärt. Nach dem Ende des Ersten Weltkrieges war das Ziel erreicht, Triest wurde italienisch, die »Unerlösten« jubelten – endlich von den Habsburgern befreit! – und erwachten als »unerlöste Erlöste« in der wirtschaftlichen Tristesse der Zwanzigerjahre. Denn ohne das ökonomische Rückgrat der Monarchie funktionierte nichts mehr.

Soweit die Fakten. Welchen Charakter hatte aber nun diese Stadt? Triest war anders, es funktionierte nicht wie die übrige Monarchie. Nicht wie das slowenische Umland, in dem eine fast ausschließlich bäuerliche Bevölkerung zu Hause war. Nicht wie das friulanische Hinterland, in dem die adelige und bürgerliche Gesellschaftsstruktur über Jahrhunderte langsam gewachsen war. Nicht wie das deutschsprachige Wien, aus dem die Beamten geschickt wurden. Triest wurde von Österreich als wirtschaftliches Liebkind und von den Italienern als ureigenstes Fleisch und Blut gesehen. Für die Bevölkerung des rein slowenischen Umlandes war die Stadt wie eine reiche Verwandte, nicht wirklich eine der ihren, aber eine, die die Menschen vom Land stets wohlwollend bei sich aufgenommen und ihnen Perspektiven geboten hatte. Weitere Volksgruppen wie Griechen, Juden, Schweizer und Deutsche siedelten sich im Zuge des wirtschaftlichen Booms in Triest an. Sie verstärkten den Charakter einer Vielvölkerstadt noch mehr. Es braucht nicht viel an Fantasie, um sich das immanente Spannungspotenzial vorstellen zu können. Dennoch funktionierte das Zusammenleben über Jahrhunderte hinweg bis zum Ersten Weltkrieg recht gut. Nicht zuletzt aufgrund einer erfrischenden Doppelmoral. So beteiligte sich der Triestiner Kaufmann Ermano Gentilli gewissenhaft und großzügig an allen irredentistischen Spendenaktionen, zu denen die Zeitung *Il Piccolo* animierte. Das Besondere daran? Gentilli war Ritter des Franz-Joseph-Ordens und als Direktor der Wiener Ersten Allgemeinen Versicherungsgesellschaft die treibende Kraft für den wirtschaftlichen Erfolg derselben.

Bahnhof, 1910

Triestiner Kaffeehauskultur, 1898

Fanny sendet »Schene Griis«

Domenico Rossetti de Scander (1774–1842) & Johann Joachim Winkelmann (1717–1768)

Johann Joachim Winkelmann wurde 1717 in der deutschen Stadt Stendal als Sohn eines Schusters geboren. Zahlreiche Stipendien ermöglichten dem begabten Schüler ein Studium der Theologie. Winckelmanns Leidenschaft galt der Altertumsforschung, er wurde 1763 zum Oberaufseher über die Altertümer Roms ernannt und stand im Dienste des Papstes. Heute wird Winckelmann als Urvater der modernen Archäologie angesehen.

Am 1. Juni 1768 reiste Winckelmann nach einer Audienz bei Maria Theresia von Wien nach Triest. Der Aufenthalt war als kurzer Zwischenstopp geplant, doch Winckelmann musste für sieben Tage Quartier in der *Osteria Grande* am Hafen beziehen. Die Suche nach einem geeigneten Schiff für die Überfahrt nach Ancona gestaltete sich schwieriger als er erwartet hatte. Am ersten Tag in Triest lernte Winckelmann den arbeitslosen Koch Francesco Arcangeli kennen. Auch er nächtigte in der *Osteria Grande.* Die beiden wurden in den darauffolgenden Tagen oft gemeinsam gesehen.

Am Vormittag des 8. Juni 1768 griff Arcangeli den Deutschen in dessen Hotelzimmer mit einem Messer an – vermutlich wollte er die Reisekassa entwenden. Winckelmann schwebte acht Stunden lang zwischen Leben und Tod, ehe er gegen Abend seinen Verletzungen erlag. Die Beweggründe des Mordes sind bis heute unklar. Wahrscheinlich war neben Habgier auch etwas anderes im Spiel. Winckelmanns homosexuelle Neigungen waren allgemein bekannt.

Graf Domenico Rossetti de Scander kam 1774 als ältester Sohn des Triestiner Kaufmannes Antonio Rossetti zur Welt. Die Familie war 1775 von Maria Theresia in den Adelsstand erhoben worden und führte seitdem den Beinamen »de Scander«. Domenico Rossetti hatte zehn Brüder. Neben seiner politischen Karriere war Rossetti stets an Geschichte interessiert. Für Johann Winckelmann empfand er tiefen Respekt und wusste dessen Verdienste um die Altertumsforschung zu schätzen. Vierzig Jahre nach dem Mord an Winckelmann studierte Rossetti die Prozessakten, er wollte den Tathergang möglichst genau rekonstruieren. 1818 fasste er die Ergebnisse in der Schrift »Joh. Winckelmann's letzte Lebenswoche« zusammen. Bereits seit 1810 hatte sich Rossetti mit Plänen, Ideen und Sammelaktionen um die Realisierung eines Grabdenkmals für Winckelmann bemüht. Am 1. März 1833 erfüllte sich diese Vision. Auf dem Gelände des Lapidariums wurde ein erstes Winckelmann-Denkmal errichtet. 1873 bekam die Gedenkstätte ihr heutiges Aussehen, indem man sie um einen kleinen Tempel erweiterte.

Domenico Rossetti de Scander starb 1842 ohne direkte Nachfahren. Den Großteil seines Vermögens vermachte er der Stadt Triest. Name und Titel leben in den Nachkommen seines jüngsten Bruders weiter.

Blickwinkel und Standpunkte

Der Orto Lapidario …

… ist ein Park, der zum Gelände des *Civico Museo di storia ed arte* gehört und unter freiem Himmel eine Sammlung antiker Kunstwerke beherbergt. Sehr romantisch! Der Eingang auf der Piazza della Cattedrale Nr. 1 ist meist geschlossen, ein Verweis auf die Via della Cattedrale Nr. 15 macht Mut, dort auch wirklich an der Glocke neben dem ebenfalls fest verschlossenen Eingangstor zu läuten. Im Inneren des Geländes ist man aus diesem Grund fast alleine. Der Geheimtipp (streng verboten): die kaum essbaren Fastfood-Snacks aus einem der Kioske vor der Kathedrale San Giusto schmecken ganz anders, wenn man sie im naturbelassenen Teil des Gartens, im *Giardino del Capitano,* verspeist. Laut Besucherbuch sind dort auch die Kirschen und Maulbeeren köstlich.

Von der Piazza Unità …

… ziehen die Besucherströme tendenziell Richtung Canal Grande in das Borgo Teresiano mit seinen rechteckig angeordneten Straßen. Malerische Winkel und Ecken sowie die Italianità der Gegenwart findet man auf der anderen Seite der Piazza in Richtung des Borgo Giuseppino. Durch die Via San Sebastiano kommt man in die Via di Canava. Auf Nr. 15 wartet eine Gelateria mit dem bezeichnenden Namen *Chocolat* und mit elf verschiedenen Schokoladeeissorten darauf, gestürmt zu werden. Auch James Joyce fühlte sich in den engen Gassen um die Piazza Cavana recht wohl. Statt Schokoladeeis vernaschte er aber lieber die Mädchen des damaligen Rotlichtviertels.

Piazza Giuseppina, 1898

Ebenfalls im Borgo Giuseppino …

… in der Via Diaz Nr. 27 liegt das Museum Revoltella. Es zollt einem weiteren großen Sohn der Stadt Respekt. Pasquale Revoltella (1795-1869) brachte es vom Sohn eines Fleischhauers zum erfolgreichen Unternehmer und Bankier. Er gründete die *Assicurazioni Generali* sowie den *Lloyd Austriaco.* Aus der Idee heraus den österreichischen Seehandel mit dem Osten zu erleichtern, entstand das Projekt des Suez-Kanals. Die Ministerien in Wien zeigten jedoch wenig Interesse, sodass Revoltella letztlich selbst die Finanzierung in die Hand nahm und die Suezkanal-Gesellschaft ins Leben rief. Triest hat Revoltella ein umfangreiches kulturelles Erbe zu verdanken. Revoltella hinterließ der Stadt unter anderem sein Stadtpalais samt Kunstsammlung in der Via Diaz, mit der Auflage, es der Öffentlichkeit als Museum zugänglich zu machen. In den ehemaligen Privatgemächern ist in einem goldenen Bilderrahmen die »Überwachungskamera« des Barons eingebaut. Über ein komplexes System an Spiegeln hatte Revoltella stets ein bewegtes Bild der Straße vor dem Palais vor sich. Steht man davor, so glaubt man kaum, dass das, was man sieht, *kein* Kamerabild ist. Ein Museumsbesuch ist auch in den Abendstunden sehr zu empfehlen. Von der Terrasse im sechsten Stock beeindruckt der Blick auf den Sonnenuntergang, das Hafenpanorama, das Wasser und die Alpenkulisse fast mehr als die Sammlung selbst.

Will man auf Napoleons Spuren wandeln …

… muss man die Stadt über die *Napoleonica* erobern. Die *Napoleonica* führt durch den Südosten Friauls. Sie beginnt in der Ortschaft Passariano. Dort unterzeichnete Napoleon im Jahr 1797 in der Villa Manin den Frieden von Campoformio (auch Campoformido), durch den Venedig für ein halbes Jahrhundert österreichisch wurde. Die *Napoleonica* zieht sich von Passariano über Palmanova, Gradisca, Monfalcone und Santa Croce bis nach Triest. Der letzte Abschnitt der Straße ist nur noch ein Fußweg und führt von Contovello drei Kilometer weit bis zum Obelisken in Opicina. Einmalige Ausblicke auf Triest und den Golf tun sich auf. Der Überlieferung nach marschierten die Truppen Napoleons am 23. März 1797 über diesen Weg in die Stadt ein. Die *Napoleonica* heißt offiziell Via Vicentini, benannt nach dem Ingenieur, der sie 1821 zu einer befahrbaren Straße hätte ausbauen sollen. Das Projekt stellte sich bereits nach zweihundert fertiggestellten Metern als zu kostspielig heraus, und so blieb die Via Vicentini weiter ein Spazierweg und im Volksmund bis heute die *Napoleonica*.

Stadtspaziergang

Mt. Buinz
Scaletta P.
Schutz-H. Marinelli
Conjin
Sp.
2340
2210
Rombon
Prestreljenik
2505
Flitscher-
Klause
Karnica
2322
Nelosi
Flitsch
(Plezzo)
Baba gde.
2450
Plužna
Kal
Isonzo
Perkum
Koritnica
Mt. Guarda
1721
Čezsoča
Log Čezsoški
1472
Pirhov vrh.
Žaga
Polounik
1663
Krasi v.
1780
Isonzo
Serpenizza
Trnovo
1667
1353
Vršajna glava
Magozd
1138
Greda
Drežnica
Homec
Natisone
Robič
Svina
Karfreit
(Kobarid)
Sužid
Mlinsko
Mt. Mijo
1189
Idersko
Ladra
Casotti Pagli
Libussina
Mt. Matajur
Perat
Luiko
1085
1243
Ravne
Cala

Im Isonzotal

Und dann singt sie »Gott erhalte …«

Die Regeln sind schnell erklärt. Man möge ihr ruhig Fragen stellen, sie wolle ohnedies längst wieder einmal deutsch sprechen. Ihre Grammatikfehler seien tunlichst und umgehend auszubessern. Ab und zu werde ihr das richtige Wort nicht einfallen, damit müsse man rechnen. Sollte sie den Faden verlieren, sei sie für ein Stichwort dankbar. Ansonsten wäre sie nun bereit für die Befragung. Als älteste Bewohnerin von Bovec habe sie im Laufe eines Jahrhunderts vieles erlebt, was sie sehr gerne an die nächsten Generationen weitergeben wolle.

Nein, halt, zuerst sagt man »Grüß Gott!«, so doch wohl auch in Österreich. Die als Souvenir aus Wien gedachte Mini-Sachertorte fällt in Ungnade und wird unwirsch vom Tisch geschoben, bis die Formalitäten der Vorstellung und der Begrüßung nachgeholt sind. Im slowenischen Sprachgewirr derer, die sich um das Zustandekommen des Besuches bemüht haben, sind sie untergegangen. Durch artiges Nennen von Namen, Alter und Geburtsort kann der Fauxpas – dem strengen Blick der alten Dame nach ein fast unverzeihlicher Fehler – gerade noch ausgemerzt werden. Die erste Hürde ist somit erfolgreich genommen, für Maurizio, seinen Schwager Srečko und Nika, die Tochter des Hauses, ist das ein Zeichen, sich aus der kleinen Küche zurückzuziehen. Hier verbringt Darinka Kravanja-Pirc ihre Tage. Sie lebt alleine in einer kleinen Wohnung im Erdgeschoß eines Einfamilienhauses. Die zwei Töchter helfen ein wenig bei den Alltäglichkeiten und kochen für sie.

Frau Kravanja-Pirc legt Wert auf Etikette, auch bei sich selbst. Und so beginnt sie sich und die Ihren vorzustellen. Chronologisch rollt sie ihre Vorfahren bis zum Großvater auf und erklärt: »Ich kam am 14. August 1910 in Bovec zur Welt, ich wurde noch als Österreicherin im Küstenland geboren. In meiner Familie hat man stets beide Sprachen gesprochen, Deutsch und Slowenisch.« Darauf ist Frau Kravanja-Pirc besonders stolz. Auch darauf, dass die Mitglieder der Familie Pirc allesamt arbeitsame und tüchtige Leute waren. Sie selbst habe sich ebenfalls gerne um das Geschäft gekümmert, zwölf Stunden am Tag und mehr. »Arbeiten und alles Ungesunde weglassen, also keinen Alkohol, so kann man schon an die Hundert werden. Auch kein Obst oder Gemüse …« Frau Kravanja-Pirc verrät das ungewöhnliche Rezept für ihr hohes Alter mit einem Augenzwinkern. Und in Bewegung bleiben, immer neue Ideen im Kopf haben, wie der Großvater.

Wie beweglich sie selbst mit hundertdrei Jahren noch ist, stellt sie sofort unter Beweis. Mit einem Satz springt sie von den Erinnerungen an den Großvater in ihre eigene Lebensgeschichte und in das Jahr 1931. »Als erste Frau im Tal machte ich mit einundzwanzig Jahren den Führerschein, auch mein Auto war das erste im Ort.« Das Beweisfoto, Darinka im offenen Wagen, versteckt sich lange im Sammelsurium in der Tischlade. »Seit dem schweren Erdbeben ist alles durcheinander. Nichts ist mehr an seinem Platz.« Mit einer ruckartigen Kopfbewegung lenkt Frau Kravanja-Pirc den Blick auf einen Zettel an der Wand. Neben Telefonnummern, Namen und Stichwörtern des täglichen Lebens findet sich auch der Hinweis, dass heute jemand aus Wien kommt, um sie zu befragen. Außerdem stehen dort drei Daten: 6. Mai 1976, 12. April 1998 und 12. Juli 2004, die Tage, an denen in Bovec die Erde bebte. »Die Häuser wurden schwer beschädigt, Regale stürzten um, Bücher flogen durch das Zimmer und Geschirr ging zu Bruch.«

»Wo bin ich eigentlich steckengeblieben?« Vielleicht in den Trümmern des Erdbebens? Frau Kravanja-Pirc schüttelt den Kopf. Missbilligend, mit einem mitleidigen Blick – nicht jeder ist dazu geboren, hundert zu werden. Dann konzentriert sie sich und ordnet ihre Gedanken. Mit Erfolg, schon gibt sie sich selbst das Stichwort: der Großvater. Er stammte aus dem Karst, aus einem Dorf in der Nähe von Triest und kam um 1860 ins Isonzotal. Ein Dienstmädchen aus dem Nachbarort Soča hatte es ihm angetan, die beiden heirateten und der gelernte Bäcker ließ sich in Bovec nieder. Bei der Geburt des vierten Kindes starb die Großmutter.

Der Großvater war dann oft im nahen Kärnten unterwegs. Im Tal gab es kein Roggenmehl, das musste jenseits des Predil-Passes besorgt werden. Bei einer dieser Touren lernte der Großvater die junge Kellnerin Theresia Messner aus Arnoldstein kennen, wieder wurde geheiratet und weitere elf Kinder erblickten das Licht der Welt. Darinkas Vater war eines davon und der Haupterbe der Familie. Im Laufe der Jahre hatte es der Großvater zu einem beachtlichen Vermögen gebracht. Zum Imperium der Pirc-Famile gehörten die Bäckerei, eine Trafik, ein Gasthaus, ein Kaufgeschäft – so nennt Frau Kravanja-Pirc die Gemischtwarenhandlung – sowie Kühe und so. Wobei »und so« einiges zusammenfasst, was für sie anscheinend weniger Wert hat: Wiesen, Ställe und Wald. Der Wohlstand war langsam, aber stetig gewachsen.

Zum ersten Haus am Platz war die Familie im Jahr 1903 gekommen, als der Großvater nach dem verheerenden Brand um wenig Geld ein Grundstück mitten im Ort erwarb und darauf ein mächtiges Haus erbauen ließ. So wie es ihm aus seiner Heimat, aus dem Karst, noch in Erinnerung war, mit dicken Steinmauern, massiven Gewölben und soliden Fenster- und Türstöcken. Das Herzstück des Betriebes war stets die Bäckerei. »Mein Großvater hat für den Kaiser Semmeln gebacken«, sagt Frau Pirc stolz. Ob Franz Joseph sie auch gegessen hat, darüber schweigt die Familienchronik. Den seligen Erinnerungen an den hohen Besuch des Kaisers tut das keinen Abbruch, sie glätten die Runzeln in Darinkas Gesicht. Der Kaiser reiste im Jahr 1882 durch das Sočatal zur 500-Jahr-Feier nach Triest und nächtigte dabei im Hotel Post in Bovec. Die Frühstückssemmeln stammten selbstverständlich aus der Bäckerei Pirc. »Das Zimmer im Gasthof Post war extra für den Kaiser mit rotem Samt tapeziert worden. Nach seiner Abreise hielt man es noch für Monate wie ein Heiligtum verschlossen«, erzählt Frau Kravanja-Pirc. »Als der Kaiser in Bovec ankam, standen wir Kinder vor dem Gasthof und sangen das Kaiserlied.« Moment, da kann doch etwas nicht stimmen? Darinka verbessert sich sofort, natürlich, der Vater stand als Kind vor dem Gasthaus und sang, so alt sei sie nun doch wieder nicht.

Aber die Musik liegt ihr trotzdem im Blut, und schon stimmt sie ein »Gott erhalte ...« an, energisch fordert sie zum Mitsingen auf. Sie scherzt: »Ich bin fast taub, also los, nur keine Hemmungen.« Gott sei Dank begnügt sie sich mit den ersten zwei Zeilen des Liedes. Überstanden ist die Tortur damit nicht, denn jetzt kommt die österreichische Bundeshymne an die Reihe, auf diese ist Frau Pirc besonders neugierig. »Singen!«, befiehlt sie. Ein Wort, wie ein Kommando, ein Blick, der keine Widerrede duldet und an das Debakel bei der Begrüßung erinnert. Will man die Memoiren der Frau Pirc weiterhören, bleibt wohl nichts anderes übrig. »Land der Berge, Land am Strome ...« geschafft, wieder genügen die ersten Zeilen. Darinka schweigt und überlegt »Das ist ja zum Weinen schön«, sagt sie nach einer Weile. In den Augen der über Hundertjährigen glänzt es verdächtig. Das erinnere sie an die Zeit, als ihr Land der Berge, ihr Land am Strome, ihre Heimat an der Soča noch österreichisch war.

Damals. Selten schwingt in einem »damals« so viel Zärtlichkeit mit. Darinkas erste Kindheitserinnerung ist der Ausflug zum Fotografen Ivančič nach Ces Soča. Eine Stunde zu Fuß war die Familie unterwegs. Die Küchenlade zeigt sich diesmal gnädig, schon hält Dari – der gemeinsame Lobgesang auf Kaiser und Vaterland hat die Distanziertheit gelöst und Darinka besteht auf der sehr vertrauten Anrede – das gesuchte Foto aus dem Jahr 1913 in der Hand. Eine glückliche Familie: der stattliche Vater, die schöne Mutter, der kleine Bruder Danilo im Stubenwagen, sie selbst ein schwarz gelocktes dreijähriges Kind. An das Kleid der Mutter könne sie sich noch genau erinnern. Die Mutter arbeitete bis zu ihrer Heirat als Lehrerin in Plužna, einer Ortschaft weiter unten im Tal. Sie stammte aus Kojsko in der Brda und kam 1906 in den Ort, nachdem sie in Görz die Frauenschule absolviert hatte. Kein Wunder, dass sich der Vater in das Fräulein Lehrerin verliebte, war dieses doch besonders hübsch. »Auch ich war hübsch vor hundert Jahren, stimmt's?« Dari betrachtet sich auf dem Bild und lächelt. »Sehr hübsch bin ich nicht mehr«, sagt sie und lacht nun herzhaft. Dann verrät sie, dass ihr Urenkel sie jetzt für eine Figur aus Hänsel und Gretel hält. Die über den Mund ragende Nase, das spitze Kinn, die Warze auf der Wange, die tiefen Furchen im Gesicht, der gekrümmte Rücken – das hohe Alter hat eben Spuren hinterlassen. Dari scherzt mit der Selbstsicherheit einer Dame über die Zeichen der Zeit. Dass sie stets eine war, daran besteht kein Zweifel. Auch jetzt ist sie noch adrett gekleidet, ein beiges Spitzenhemdchen lugt keck unter der dunkelblauen Weste hervor, der Rock ist schlicht und lang.

»Die Idylle meiner Kindheit dauerte leider nur fünf Jahre. Dann kam der Krieg. Am Abend des 24. Mai 1915 rief der Pfarrer alle Bewohner des Dorfes in der Kirche zusammen.« Dari schweigt, erinnert sich. An diesem Tag hatte Italien den Österreichern den Krieg erklärt. Noch am selben Abend kam die Nachricht, dass Flitsch, das heutige Bovec, zu evakuieren sei. Die Leute dachten für zwei, drei Tage. Niemand ahnte, dass die Flitscher die Heimat erst gute zwei Jahre später wieder sehen würden. Man ließ die Kühe zurück, malte Kreuze auf die Ställe und packte das Notwendigste ein. Dann ging es für drei Wochen nach Soča. Bis auch dieser Ort geräumt wurde. Die Flucht hat sich tief in Daris Gedächtnis eingeprägt. »Wir verließen unser Tal über den Vršič Pass nach Norden.« Eine Straße über den Pass gab es nur zum Teil, sie wurde erst 1916 von russischen Kriegsgefangenen fertiggestellt. Die Flitscher schleppten ihr Hab und Gut über einen besseren Saumpfad, einen steinigen Steig. Einige der Alten konnten nicht gehen, sie wurden in Leiterwagen über den höchsten Pass Sloweniens gehievt. Mehr als einmal stürzten die wackeligen Gefährte. Das Leid der Vertreibung artikulierte sich in Gezeter und Gebeten, vermischt mit Wimmern oder Stöhnen, je nachdem wie unglücklich jemand gerade gefallen war. Die Kinder waren sich selbst überlassen und trabten stumm mit dem Tross. Nur eine der späteren Schwägerinnen Daris weinte und jammerte, wie viele andere konnte sie nicht mehr weiter. Ein Soldat erbarmte sich der Kleinen und setzte sie auf einen Maultierkarren mitten zwischen Granaten und anderem Kriegsutensil. Einfach so, obendrauf. Die Kleine erholte sich schnell. Anfangs baumelten die Kinderbeine noch erschöpft und leblos, bald wieder munter im Rhythmus des Maultierschrittes über den tödlichen Geschoßen hin und her. Die Überquerung des Passes dauerte viele Stunden.

In Kranjska Gora wurden die Flüchtlinge in Empfang genommen und weiter nach St. Pölten und Bruck an der Leitha in Lager gebracht. »Wir hatten Glück, wir durften zur Großtante nach Seltschach, zur Schwester der Großmutter Messner. Ich fing in Arnoldstein mit der Volksschule an. Wir waren so arm, dass wir uns im Herbst auf dem Schulweg die nackten Füße in den dampfenden Kuhfladen wärmten. Aber wir lebten zumindest in einer Familie und nicht im Lager.«

Am 24. Oktober 1917 eroberten die Österreicher in der letzten Isonzo-Schlacht die Heimat zurück. Damit waren auch die Jahre der Flucht vorbei. Ab Mitte 1918 kehrte einer nach dem anderen heim. »Unserem Haus fehlte zwar das Dach, aber dank der soliden Bauweise, auf die der Großvater aus dem Karst Wert gelegt hatte, waren alle Gewölbe und Fensterstöcke intakt«, erzählt Dari. Bewohnbar war es trotzdem nicht. Auch das restliche Flitsch präsentierte sich als das, was es gewesen war: eines der Hauptschlachtfelder der zwölften Isonzo-Offensive. Durch das Tal zogen sich Schützengräben und Drahtverhaue, überall lag Schutt, das Dorf selbst war ein Trümmerhaufen, zudem hatten die feindlichen Soldaten alles mitgenommen, was nicht niet- und nagelfest gewesen war. Im Ort fehlten Gartenzäune, Fenster, Böden und das Dorf bestand nur aus nackten, durchlöcherten Wänden.

Die Pirc-Familie hauste in einem Apfelgarten südlich von Bovec, in einem alten Schuppen, in der sogenannten Pirc-Baracke. Auch diesem Stadel fehlte das Dach, irgendwo fand sich dann doch noch ein Stück Blech, aus dem behelfsmäßig eine Abdeckung gebastelt wurde. Insgesamt gab es vierzig solcher Baracken, in denen rund achtzig Familien untergebracht waren. Der jüngste Bruder Daris kam in der Pirc-Baracke zur Welt, eine Schwester starb dort an der spanischen Grippe. Das Leben wurde gegeben und genommen, aber vor allem ging es weiter. Der Vater verfügte noch immer über eine Lizenz zum Verkauf von Zigaretten. Über den Predil schlug er sich nach Villach durch und kehrte mit einer Ladung Tabak zurück. »Keine Ahnung, wo er die besorgt hat«, sagt Dari und scheint noch knappe fünfundneunzig Jahre später verwundert, wie dem Vater dieses Kunststück gelungen ist. Jedenfalls drehten in der »ersten Tabakfabrik von Bovec« bald Vater, Mutter, Onkel, Großmutter und die Kinderschar Zigaretten für den Verkauf.

»Die Pirc-Familie bestand aus tüchtigen und arbeitsamen Leuten«, wiederholt Dari, dann schweigt sie für eine Weile. Bedächtig zupft sie das weiße Haar zurecht und bringt dabei beiläufig das Hörgerät wieder in Position. Dari ist müde, das sieht man, zugeben würde sie es nie. Stattdessen holt sie tief Luft und erzählt weiter. Wohnen blieb man weiter in der Baracke, aber im Keller des Pirc-Hauses im Ort entstand das Pirc-Imperium neu. Unter der Stiege richtete die Familie die Bäckerei ein, das heißt, hier stellte man einen Backofen auf. Im Jahr 1919 buk der Vater das erste Brot im Tal. Das war ein Fest! Ein unglaublicher Fortschritt auf dem Weg zurück in die Normalität. In der gegenüberliegenden Ecke des Kellers stand ein langer Tisch mit Stühlen, das Gasthaus. Und im Nebenraum hatte die Mutter in zwei Küchenkredenzen das Kaufgeschäft sowie die Trafik untergebracht, in der sie die Zigaretten aus der Baracke verkaufte. 1922 konnte die Familie zurück ins Pirc-Haus im Ort übersiedeln, 1931 war der Wohlstand soweit wieder hergestellt, um ein Auto anschaffen zu können, wie gesagt, das erste im Dorf.

Dari lächelt zufrieden. Sie spricht zunehmend langsamer, die Pausen werden länger. Sie spürt nun doch die Grenzen ihrer Kraft. Kein Wunder, sie hat stundenlang ohne Unterbrechung erzählt. Dabei könnten Daris Erinnerungen zweifellos mehr als einen Nachmittag füllen. Mein Gott, wen habe sie nicht allen gekannt. Den berühmten Bergsteiger Julius Kugy zum Beispiel. Auf dem Weg ins Trentatal kaufte er den Proviant für seine Touren stets in der Bäckerei Pirc, einmal übernachtete er sogar im Gasthaus der Familie. Die handgeschriebene Gästekarte ist Daris persönliches Heiligtum. Da war noch der Nähmaschinenvertreter Karl Wojtszycki, er veranstaltete 1928 den ersten Nähkurs in Bovec. »Der Karl kam aus Polen und blieb in Bovec hängen. Er heiratete und alle Frauen im Ort mussten daraufhin seine Nähmaschinen kaufen.« Dari blickt Richtung Fenster und schmunzelt. Tatsächlich, da steht sie, die alte Singer-Maschine. Und schon fallen Dari die Geschichten von den Flitscher Hausierern ein, die den Stoff zum Nähen mitbrachten.

Tatsächlich, Darinka Kravanja-Pric hat in den letzten hundert Jahren viel erlebt, viel gesehen, viel gehört. Freud und Leid, vier Kaiser, beziehungsweise Könige, sechs Hymnen. Die Zeit des italienischen Faschismus hat die Familie gut überstanden, Brot wurde immer gebacken – und von den Österreichern, den Slowenen und den Italienern gleich gerne gegessen. Während des Zweiten Weltkrieges kämpfte Daris Mann als Partisan im Widerstand, doch auch diese Zeit ging vorbei. Nun ja, weniger erfreulich sei die Sache mit dem Kommunismus nach dem Krieg gewesen. Doch Dari hat ihren Frieden mit der Welt gemacht. Gelassen spricht sie von den Jahren nach 1947. Den Verlust des Familienvermögens umschreibt Dari mit dem Wort Nationalisierung, das patriotische Wort für Enteignung.

Oder, oder, oder … zu erzählen gäbe es wirklich noch jede Menge. Nur eben jetzt nicht mehr. Sie müsse sich nun doch ausruhen. Für heute sei Schluss, sagt sie und schließt das Gespräch mit den Worten, die ihre Mutter, das ehemalige Fräulein Lehrerin, zu verwenden pflegte, wenn etwas unumstößlich beendet war: »Punkt und Streusand drauf.«

Darinka in ihrem Auto

Familie Pirc, 1913

Flussgeflüster

Am Fuße des Vršič Passes entspringt eine smaragdfarbene Quelle. Soča nennt man sie in Slowenien, Isonzo in Italien und einst trug sie einen deutschen Namen: Isnitz.

Den oberen Flusslauf bezeichnet man als Trentatal. Dort pflegte Julius Kugy auf die Berge zu kraxeln. Er war Doktor der Rechtswissenschaft, stammte aus einer wohlhabenden Familie in Triest und führte das Handelshaus seines Vaters. Sein Herz gehörte jedoch den Julischen Alpen und er gilt wegen zahlreicher Erstbesteigungen als Erschließer dieses Gebirges. Gestärkt mit fünfzehn bis zwanzig Semmeln und Kipferln aus der Bäckerei Pirc machte er sich im Sommer jedes Wochenende auf den Weg ins Trentatal. Kugy hatte slowenische Wurzeln und sprach fließend Deutsch und Italienisch. »Ich bin ein gebürtiger Slowene und ein gemachter Österreicher.« So scherzte Julius Kugy einst in der Bäckerei Pirc, wohl in Anspielung auf den Geschäftserfolg seiner Familie in Triest. Kugy gilt wegen seiner liberalen, völkerverbindenden Haltung als eine Integrationsfigur des modernen Alpen-Adria Gedankens.

Nach rund zwanzig Kilometern weitet sich das Trentatal auf der Höhe von Bovec zu einem Becken. Der Fluss passiert die Ortschaft und fließt weiter nach Kobarid, Tolmin, Kanal und Gorizia. Bei Monfalcone mündet er in den Golf von Triest. Glaubt man Carl Freiherr von Czoernig, dann war das nicht immer so. Auf einem Geographenkongress präsentierte er 1875 in Paris eine revolutionäre Theorie über den Isonzo. Nach dem Studium von Dokumenten und Geländebeobachtungen war er zur Ansicht gelangt, dass im Jahre 585 nach Christus eine gewaltige Naturkatastrophe in der Nähe von Cividale das Flusssystem der gesamten Gegend verändert hatte. Czoernig vermutete, dass der Isonzo bis dahin über Cividale zum Meer geflossen war. Der gewaltige Erdrutsch vom Berg Matajur verschüttete jedoch das Bett des Isonzo, der Fluss musste daraufhin seinen Lauf Richtung Tolmin und Görz ändern. Der Natisone, der Natisso der Antike, an dessen Mündung Aquileia zur Metropole aufgeblüht war, verkam hingegen zu einem besseren Bach.

Die Ortschaft Flitsch, slowenisch Bovec, lag seit jeher an den Ufern der Soča. Das Flitscher Becken war stets ein raues Land. Als Kaiser Franz Joseph im Jahr 1882 in Flitsch nächtigte, soll er, erschüttert über die Kargheit des Gebietes, den Flitschern Land in Ungarn angeboten haben. Die Flitscher wiesen das Angebot entrüstet zurück. Sie waren daran gewöhnt, in ihrer Heimat zu überleben. Denn lange vor Franz Joseph hatte Maria Theresia den Untertanen aus den ärmlichen Gebieten ihres Reiches das Recht zu hausieren gewährt. So auch den Bewohnern von Flitsch. Das Gesetz erlaubte den männlichen Flitschern in der gesamten Monarchie von Ort zu Ort zu ziehen und Waren anzubieten. Die Hausierer wurden in verschiedene Gruppen unterteilt: Die *Cunjarji* sammelten und flickten Lumpen und verkauften Kleinwaren, die *Havziravci* handelten mit Leder, Schuhen und Metallprodukten. Sie besuchten einen bestimmten Bezirk und hatten bereits ein Warenlager. Die *Suknarji* boten Stoffe und Tuch feil. Mit Ausnahme der *Cunjarji* verkauften alle Hausierer auch Sehbehelfe. Später bildeten sie sogar eine eigene Gruppe, die *Optikarji*. Gleich wandernden Augenärzten diagnostizierten sie Sehschwächen, bestimmen Dioptrienzahl und verkauften Brillen. Noch im Jahr 1908 richteten sieben Bewohner des Sočatales ein Gesuch an Kaiser Franz Joseph und baten um eine Konzession für das Hausieren mit Brillen und Zwickern, das inzwischen sesshaften Geschäftsleuten vorbehalten war. Der letzte Hausierer war Andrej Leiler. Er hausierte bis 1937 und breitete seine Stoffballen, Blusen und Schürzen unter anderem auch im Gasthaus der Familie Pirc aus. Die Hausierer von Flitsch sind noch heute für die Bewohner des Ortes ein Stück Erinnerung, die Geschichten um sie ein Mythos.

Ein anderer Mythos aus dem Tal ist die Marmorataforelle. Sie soll eine Länge von 120 Zentimetern und ein Gewicht von bis zu 25 Kilogramm erreichen. Es gibt sie tatsächlich, besser gesagt, es gibt sie wieder. Im Ersten Weltkrieg dezimierten hungrige Soldaten den Forellenbestand stark, indem sie mit Dynamit fischten. Die Kampfhandlungen taten ihr übriges zum Sterben von Mensch und Natur. Nach dem Krieg war der Isonzo ein fast totes Gewässer. Der Wiederbesatz des Flusses erfolgte der Einfachheit halber mit Bachforellen. Die dominanten Bachforellen verdrängten die Marmorata, in den Achtzigerjahren gab es in der Soča so gut wie keine Marmorataforellen mehr. Zum Glück war der Leiter der slowenischen Fischereibehörde, Dr. Jože Ocvirk, vom Gedanken beseelt, die Marmorata zu retten. Oberhalb Tolmins, in einem Zufluss der Soča, fand er nach langer Suche die letzten reinblütigen Marmoratas. Ein aufwendiges Aufzuchtprojekt sicherte den Fortbestand der Art und es gelang, der Marmorataforelle ihren Lebensraum im Sočatal zurückzugeben.

Der Name Isonzo ist ein Synonym für Stellungskrieg, blutige Schlachten, sinnloses Sterben und den Verlust von rund einer Million Soldaten. Sie fielen im Kampf, kamen in Lawinen ums Leben, gerieten in Gefangenschaft oder starben an Seuchen. Die Spuren des Krieges finden sich bis heute im gesamten Tal. So auch in Srpenica. Dort lebt Maurizio. An sein Haus grenzen der Gemüsegarten, ein paar Obstbäume und ein Feld. Das, was der Boden bei der Arbeit freigibt, sammelt er in einer alten Keksdose. Sie ist schon ziemlich voll, bald wird Maurizio eine zweite brauchen. Fragt man ihn nach seinen Fundstücken, kippt er den Inhalt auf den Tisch: Hosenknöpfe, Münzen, Gürtelschnallen, Talismane, Kreuze, Medaillons mit Heiligenabbildungen, Spangen und Fragmente von Uhren machen den Krieg begreiflich. Wie viele Menschen müssen hier gestorben sein, wenn hundert Jahre später ein Gemüsegarten und ein Feld ausreichen, um eine Keksdose mit den Überbleibseln des Schlachtens zu füllen.

— *Den Isonzo entlang* —

Das Soča Tal …

… erreicht man von Norden entweder über Tarvis und den Predil-Pass oder über Kranjska Gora und den Vršič-Pass. Der Weg über den Predil ist die einfachere und bekanntere Route. Doch spektakulärer ist der Vršič-Pass. In achtundvierzig Kehren, zum Teil noch mit Kopfsteinen gepflastert, steigt die Straße auf 1.611 Meter zur höchsten Passhöhe Sloweniens an. Sie liegt mitten in den Julischen Alpen – der Triglav und seine Nebengipfel sind zum Greifen nah. Nach Süden führt die Straße ins Trentatal zum Oberlauf der Soča und weiter nach Bovec. Die Bewältigung des Berges ist selbst mit dem Auto mühsam, Radfahrer, die sich hier versuchen, sind entweder Profisportler oder Masochisten. Wie muss sich Darinka Pirc gefühlt haben, als sie 1915 als fünfjähriges Kind mit Sack und Pack und den Ihren über diesen Pass aus der Heimat vertrieben wurde?

Bereist man das Sočatal in der umgekehrten Richtung, von Süd nach Nord, hat man das Alpenpanorama auf der gesamten Strecke nicht im Rücken, sondern vor Augen.

In Bovec …

… wird Sport großgeschrieben. Neoprenanzüge hängen zum Trocknen auf Wäscheleinen in Obstgärten, Mountainbiker irren durch den Ort, an der Dorflinde lehnen Schlauchboote. Kleinbusse karren Gummikajaks von da nach dort. Fast jedes Haus an der Hauptstraße ziert ein Schild: Rafting, Biking, Alpin-Action, Kajak-Trips, Kanu-Adventure, Sport-Extreme, Canyoning … Was nützen der betagten Darinka Kravanja-Pirc ihre Slowenisch-, Deutsch- und Italienischkenntnisse, drei Sprachen, die sie perfekt und akzentfrei spricht? Diese Welt versteht sie nicht mehr – damit ist sie nicht allein.

Hauptplatz von Flitsch/Bovec vor dem Ersten Weltkrieg

Flitsch/Bovec nach dem Ersten Weltkrieg

Vertriebene Flitscher im Lager in Bruck an der Leitha

Isonzotal nördlich von Görz, vor dem Ersten Weltkrieg

In Kanal …

… zeigt die Soča ein heiteres Gesicht. Der Ort erinnert mit der Mini-Piazza, zwei Kaffeebars, dem Neptunbrunnen und der Kirche aus dem 17. Jahrhundert an das italienische Cividale im Mikroformat. Bunte Häuser hocken über der Soča auf den Felsen und blicken neugierig in den Abgrund. Zu sehen gibt es einiges: die Brücke über den Fluss, das smaragdgrüne Wasser, den glatten, ausgewaschenen Fels. Kanal ist der ideale Ort, um ein Bad in der Soča zu nehmen, das Wasser ist hier mehrere Meter tief. Das weiß natürlich auch die Dorfjugend. So erklären sich die im Fels verankerten Sprungbretter und ein auf der Brücke befestigtes meterlanges Seil, mit dem die Mutigsten über die Soča pendeln, um sich von hoch oben ins Wasser fallen zu lassen.

Am anderen Ende des Isonzos …

… im Mündungsdelta am Meer liegt das Naturreservat *Foce dell' Isonzo.* Vor allem Vogelkundler werden begeistert sein. Ein Besuch empfiehlt sich im Frühling, wenn die weiß verschneiten Alpen im Norden einen scharfen Kontrast zur Lagunenlandschaft bilden. Im Sommer überlässt man das Gebiet lieber kampflos den Moskitos.

Buchtipp:

»In einem anderen Land«, Ernest Hemingway, rororo 10. Auflage, Reinbek 1999.

»Ein Jahr auf der Hochebene«, Emilio Lussu, Folio Verlag, Bozen 2006.

Richtung Predil

Palmanova
S.Vito
Versa
Granglio
Joanniz
Tapogliano
Campolongo
Strassoldo
Cavenzano
Perteole
Saciletto
Mortesins
Ruda
S.Nicolo
Scodovacca
Villa Vincentina
Turriaco
Cervignano
Pieris
Terzo
S.Antonio
Fiumicello
S.Martino
S.Canc
S.Valentino
Monastero
S.Lorenzo
Can.Anfora
Aquileja
I.Moro
Can.Zemole
Natisa
S.Marco
S.Giuliano
Belvedere
GORGO
Barbana
Wache
Spollonia
Pto Grado
Grado

Grado

Nächstes Jahr im Küstenland

Der Friedhof von Grado liegt am Rande der Stadt. Die Gradeser haben ihn lagunenseitig auf einer stillen, kleinen Insel errichtet. Viel tut sich hier nicht. Eine schwarze Katze scheint im Geräteschuppen der Gärtnerei ihr Zuhause gefunden zu haben und ein paar Möwen hüpfen zwischen den Gräbern herum. Auch das Grab hinter dem Eingang, erster Hauptgang links, einige Schritte rechts, sieht selten Besucher. Doch zu Allerheiligen brennt dort eine Kerze und vor dem Grabstein leuchtet es lila. Erika Auchentaller hat – nomen est omen – ihren Großeltern fünf Erikastöcke aus Südtirol mitgebracht. »Die hätten ihnen sicher gefallen. Das Violett dieser robusten Gebirgssorte ist besonders schön«, sagt sie und klappt zufrieden ihr Handy zu, mit dem sie das Grab fotografiert hat.

Frau Auchentaller überlegt sich genau, welche Farbe sie ihrem Großvater, dem Malerfürsten, jedes Jahr auf sein Grab setzt. Den behutsamen Umgang mit ihm hat sie in den letzten fünfundzwanzig Jahren gelernt. »Unser Hotel in Südtirol hat mir keine freie Minute gelassen. Das Erbe des Großvaters ruhte jahrzehntelang gut verpackt in Kisten auf dem Dachboden«, erzählt sie und kann es im Nachhinein selbst nicht glauben. Denn der Großvater, für den so lange keine Zeit war, ist kein Geringerer als der Secessionist Josef Maria Auchentaller. In den Kisten fand Frau Auchentaller viele Skizzen und Fotos, nach denen er gemalt hat, sowie hunderte Briefe an die Großmutter. Zeitweise schrieb er täglich von Wien an seine Frau Emma in Grado. »Seit meine Kinder erwachsen sind und im Betrieb helfen, ist es leichter geworden. Ich habe ein Archiv angelegt und die Bestände geordnet.«

Frau Auchentaller ist viel »in Sachen Großvater« unterwegs, wie sie es ausdrückt: Ausstellungen besuchen, Kataloge begutachten, Biographen treffen, Termine in Museen in Wien und Italien. Irgendwie sei der Großvater zur bestimmenden Kraft in ihrem Leben geworden, auf gewisse Weise die graue Eminenz im Hintergrund. Erika Auchentaller schmunzelt. »Die Bezeichnung graue Eminenz trifft den Nagel auf den Kopf. Aber ›grau‹ … das würde ihn stören! Die Welt des Großvaters war bunt, die Farben in seinen Bildern haben eine einmalige Aussagekraft.«

Das Lächeln steht Frau Auchentaller gut. Auf den ersten Blick wirkt sie zurückhaltend und entspricht der Klischeevorstellung einer kernigen Südtirolerin, die in ihrer Jugend, wie sie sagt, gut schifahren konnte und auch Rennen fuhr. Dass sie erfolgreich war, kann man nur aus dem kurzen Leuchten in ihren Augen schließen, erwähnen würde sie es nie. Sie steht nicht gerne im Mittelpunkt und hält ihre Biographie kurz. In Triest geboren, hat sie bis zu ihrem neunten Geburtstag in Grado gelebt – zusammen mit ihren Eltern und den damals schon greisen Großeltern. Sie war erst sechs, als die Großmutter starb, die Erinnerung an die angesehene Unternehmerin ist verschwommen: schwarz gekleidet, selbst im Alter noch durch und durch eine Dame. Der Großvater, der Künstler und Maler, ist ihr präsenter, ihn sieht sie noch auf der Terrasse des Fortino sitzen und übers Meer schauen. Bis auch er ging, da war sie neun.

Das Leben von Josef Maria Auchentaller und seiner Frau Emma lässt sich anhand des regen Briefwechsels gut verfolgen. Emmas Schrift war ausladend und groß, jene von »Pepi« gestochen scharf und präzise. Der Schrift nach war sie die Künstlerin und er der beinhart kalkulierende Geschäftsmann. Doch oft sind die Dinge anders als sie scheinen. Ein ungleiches Paar seien die Großeltern aber wohl immer gewesen, mit zwei grundverschiedenen Berufen. Er war ein verschlossener Maler, sie ein Organisationstalent. Meist stand Emma in der ersten Reihe und Josef Maria hinter ihr, wiewohl nicht in ihrem Schatten. Für J. M. Auchentaller war seine Emma eine Art Muse, er hat sie verehrt und oft porträtiert.

Emmas Vater, der erfolgreiche Schmuckfabrikant Georg Adam Scheid, hatte es den beiden nicht leicht gemacht, ein Paar zu werden. »Diesen Künstler? Niemals!«, soll er gesagt und dabei wohl an die mäßigen Studienerfolge von J. M. Auchentaller an der Technischen Universität Wien gedacht haben. Auch Pepis Eltern begeisterte die Vorstellung von einem Künstlerdasein des Sohnes nicht. Deshalb hatten sie ihn auf die Technische Hochschule geschickt. Mit dreiundzwanzig Jahren verließ er die Universität ohne Abschluss und inskribierte an der Kunstakademie. Er bestand auf seine Kunst und Emma auf ihren Künstler. Dass Emmas Vater mit Enterbung drohte, kümmerte die junge Frau wenig. Sie wollte ohnehin von ihrem Elternhaus finanziell unabhängig sein, auch wenn Vater Scheid nach und nach die Vorteile eines künstlerisch begabten Schwiegersohns für seine Schmuckmanufaktur erkannte. »Der Großvater hat bis ins Jahr 1900 viele Schmuckstücke für die Firma Scheid entworfen. Aber Emma traute ihrem Vater letztlich nicht über den Weg. Sie überzeugte ihren Mann in Grado eine Pension zu eröffnen.«

Erika Auchentaller macht eine Erzählpause. Es ist unschwer zu erraten, wo ihre Gedanken sind. Das Fortino, wie die Pension später heißen würde, ist Teil ihres Lebens. Sie erinnert sich noch genau, wo die Gemälde des Großvaters im Stiegenaufgang hingen. Das Besteck, die Milchkännchen und die Vorlegeplatten mit dem Fortino-Wappen nach den Entwürfen des Großvaters sowie einige Möbel sind bis heute in ihrem Hotel in Südtirol in Verwendung. Das Gebäude des Fortino ist nach Ideen ihres Großvaters entstanden. Immerhin war er – fast – ein gelernter Architekt. Frau Auchentaller hat Freude daran, die Bilder aus ihrer Kindheit lebendig werden zu lassen. Die Pension lag dicht am Meer und die Zimmer hatten kleine Veranden, die mit einem Arkadenbogen überdacht waren. Die Sonne von dort aus im Meer versinken zu sehen, war ein Erlebnis. Aber das Beste war der Speisesaal. Er ging auf eine weite, gegen das Meer vorgeschobene Terrasse. Dort saß der Großvater in seinen späten Jahren oft stundenlang. Vom Deich aus gesehen glich das Fortino einem großen Schiff, das bereit war, die Anker zu lichten. »Ich denke, die Vorstellung eines Hauses, mit dem man quasi über das Meer segeln kann, beeindruckte viele der Gäste.«

Die Anfänge der Großeltern in Grado kennt Frau Auchentaller aus Familienerzählungen. Der Großvater hatte primär die Gesundheit seiner kleinen Tochter im Auge, als er Emmas Gradopläne billigte. Maria war 1892 zur Welt gekommen. Zehn Jahre später kränkelte das Kind ständig, die Wiener Ärzte rieten zu einem Urlaub am Meer. Die Wahl fiel auf Grado. Der kleinen Maria tat das Klima gut und Emma fühlte sich wohl. Frau Auchentaller zieht einen Brief aus der Tasche. Im September 1901 schrieb Emma aus Grado: »Wir unterhalten uns Tag für Tag ausgezeichnet, immer ist irgendein Grund vorhanden, eine kleine Aktivität zu veranstalten oder zu lachen und zu scherzen. Und die blaue Adria hat es mir wieder vollkommen angetan. Ich bewundere sie in allen Phasen und kann mich nicht sattsehen.«

Frau Auchentaller kann die Begeisterung ihrer Großmutter nachvollziehen. Das Blau von Himmel und Meer sei in Grado besonders schön, meint sie. Und der Großvater hätte es meisterhaft in seinen Bildern eingefangen. Für Emma stand nach jedem Sommer fest: Auch nächstes Jahr würde sie wieder ins Küstenland fahren, zurück nach Grado, zurück ans Meer. Sie liebäugelte damit, in Grado ein eigenes Haus zu besitzen: eine Pension, direkt am Meer, an der Spitze des Wellenbrechers, gebaut auf die Reste einer französischen Festung. So schwebte es ihr vor und so sollte es zwei Jahre später tatsächlich sein.

Grado war für die Künstlerkarriere J. M. Auchentallers nicht ideal. In Wien hatte er sich inzwischen einen Namen gemacht. Er entwarf Möbel, Schmuck, Plakate und war als Porträtmaler angesehen. Für die Beethovenausstellung schuf er 1902 in der Secession einen Fries, der jenem von Klimt um nichts nachstand. Linker Saal Klimt, rechter Auchentaller … in jeder Beziehung auf demselben Niveau. Durch die Aufenthalte in Grado verlor er jedoch den Anschluss an die Wiener Gesellschaft, und die ›Clique‹ der Secessionisten, wie er sie in Briefen an Emma nannte, nutzte seine langen Absenzen, um ihn auszubooten.

J. M. Auchentaller war seit 1899 ordentliches Mitglied der Secession, hatte deren Querelen aber mit einer gewissen Distanziertheit beobachtet. 1905 trat er gemeinsam mit einer Gruppe um Klimt aus der Secession aus. »Dafür engagierte sich der Großvater in Grado umso mehr. Ein paar Jahre war er Mitglied des touristischen Förderungskomitees. Aus dieser Zeit stammt das berühmte Plakat ›Seebad Grado‹.« Kurz erwähnt Frau Auchentaller, dass auch sie sich früher um den Fremdenverkehr in ihrer Region gekümmert habe, dann erzählt sie weiter: »Die beiden eleganten Damen auf dem Plakat sind meine Großmutter Emma und ihre Schwester Martha, die mit einem der Thonet-Söhne verheiratet war. Die linke ist Emma.«

Das Fortino hatte im Jahr 1904 den Betrieb aufgenommen. Viele Wiener Bekannte der Auchentallers, von Otto Wagner bis Carl Moll, verbrachten die Sommer in Grado und in ihrem Kielwasser folgten Schriftsteller, Komponisten, Gelehrte und das wohlhabende Bürgertum. Im Fortino zu nächtigen gehörte zum guten Ton. Emma Auchentaller ging in der Rolle der Geschäftsfrau auf, errichtete eine Dampfwäscherei und ließ die Laguneninsel Morgo erschließen. Grado verdankt seinen Erfolg als Kurort nicht zuletzt ihrem Elan. Der Unternehmergeist Emmas, die Kontakte der Großeltern zur besseren Wiener Gesellschaft und die Künstlerfreunde des Großvaters haben die »wirklich guten Leute« nach Grado gebracht. Davon ist Frau Auchentaller überzeugt. Manche Leute in Grado hätten das anders gesehen. Oder besser gesagt: Der große Erfolg der Powerfrau aus Wien habe auch viele Neider auf den Plan gerufen. Nicht jedem sei der Zutritt zum Fortino gestattet gewesen. Manche, die nicht zum Kreis der Privilegierten gehörten, hätten dafür gesorgt, dass Klatsch und Tratsch über die Auchentallers in Grado die Runde machten. Frau Auchentaller lässt durchblicken, dass der Name des Gradeser Dichters Biagio Marin aus diesem Grund in ihrer Familie tabu war.

Josef Maria und Emma Auchentaller erschufen mit dem Fortino ein Kleinod und verbrachten ihr halbes Leben in Grado. »Es gab auch Schicksalsschläge. Aber letztlich hat das die beiden noch mehr zusammengeschweißt«, resümiert Frau Auchentaller. Über den plötzlichen Tod von Tochter Maria kamen Emma und Pepi ein Leben lang nicht hinweg. Was genau passiert ist, weiß die Familie bis heute nicht. Die zweiundzwanzig Jahre alte Maria war bei ihrer Tante Martha in Bistritz zu Besuch, als die schreckliche Nachricht kam. »Ich muss sofort nach Bistritz, es ist etwas Furchtbares passiert«, schrieb J. M. Auchentaller an Emma. Doch er konnte nichts mehr für seine Tochter tun …

Auch als Künstler erlebte J. M. Auchentaller Enttäuschungen. Der Verlust von rund zwanzig Bildern in den Zwanzigerjahren traf ihn so sehr, dass er ab diesem Zeitpunkt deutlich weniger malte. Die Werke waren für eine Ausstellung zusammengestellt worden und plötzlich spurlos verschwunden.

Die Familie Auchentaller hat Grado geprägt. Zwischen der Eröffnung des Fortinos im Jahr 1904 und der Schließung im Jahr 1942 veränderte sich die Welt um Emma und Josef Maria. Ihre Liebe zu Grado blieb bis zum Schluss gleich. Emma starb 1945, ihr Mann im Jahr 1949. Frau Auchentallers Vater wuchs in Grado auf und war lange Zeit Hafenkommandant. Auch während des Zweiten Weltkrieges. Damals hatten die Engländer auf dem Fortino eine Radarstation untergebracht und als sie sich zurückzogen, den obersten Stock gesprengt. Zurück blieb eine Ruine ohne Dach. Dennoch harrte die Familie bis 1949 in Grado aus. Dann beschloss Erika Auchentallers Vater, Grado mit den Seinen zu verlassen: ihr, der kleinen Tochter, zuliebe. Sie habe ständig gefiebert, die Ärzte rieten zu einem Aufenthalt in den Bergen. Die Wahl fiel auf ein Objekt in einem Südtiroler Tal. Und natürlich sollte es wieder ein Hotel sein. Der hochbetagte J. M. Auchentaller war damit einverstanden und verpackte noch eigenhändig seine persönlichen Schätze, die Briefe und Skizzen in Kisten und Schachteln.

»Mein Großvater starb am 1. Jänner 1949, wenige Monate bevor wir nach Südtirol zogen. Ich komme nur noch selten nach Grado, aber die Erikapflanzen zu Allerheiligen sind ein Muss.« Frau Auchentaller kontrolliert nochmals das Foto des Grabes, in dem der Großvater neben seiner Emma ruht. Sie nickt. Ja, das leuchtende Lila würde dem Großvater sicher gefallen.

Fortino, vom Wellenbrecher aus gesehen

Fortino, 1920er Jahre

Josef Maria Auchentaller wurde am 2. September 1865 als Sohn eines Seidenhändlers mit Südtiroler Wurzeln in Wien Penzing geboren. Er wechselte 1886 von der Technischen Hochschule an die Kunstakademie und gewann noch während seiner Studienzeit zahlreiche Preise. Schon 1885 hatte er Emma Scheid kennengelernt. Sie war die Tochter des Eigentümers der Wiener Silber- und Schmuckfabrik Georg Adam Scheid. Gegen den Willen von Emmas Vater verlobten sich die beiden jungen Leute 1890 und heirateten ein Jahr später. Ein weiteres Jahr danach wurde die Tochter Maria Josepha geboren.

Mit seiner jungen Familie verließ J. M. Auchentaller Wien, um sich an der Münchner Kunstakademie weiterzubilden. Aus dieser Zeit stammen viele Landschaftsbilder. Ab 1895 entwarf der Künstler sporadisch Schmuckstücke für die Manufaktur des Schwiegervaters, reiste gleichzeitig aber mit Frau und Kind durch Europa, vorwiegend nach Italien. Im Jahr 1899 schien das Eis zwischen Auchentaller und seinem Schwiegervater langsam zu schmelzen, denn Georg Scheid beauftragte ihn mit der Ausgestaltung des Musikzimmers in seiner Nobelvilla im Cottageviertel in Wien. Noch im selben Jahr wurde Auchentaller Mitglied der Secession und Sohn Peter kam zur Welt. Als Secessionist war Auchentaller Mitglied des Redaktionskomitees der Zeitschrift »Ver Sacrum«, das achte Heft des vierten Jahrganges war zur Gänze ihm gewidmet. 1902 erreichte J. M. Auchentaller den Gipfel seines Erfolges. Die XIV. Ausstellung der Secession sollte für die Secessionisten eine Zusammenarbeit verschiedener Künstler zum Thema Beethoven werden, wobei die Werke harmonisch aufeinander abgestimmt waren. Auchentaller arbeitet im Geheimen an seinem Beethoven-Fries. Bis es öffentlich gezeigt wurde, vergingen Monate. Die Secessionskünstler finanzierten damals ihre Ausstellungen selbst.

Dieses Engagement wirkte sich verheerend auf die wirtschaftliche Lage der Familie Auchentaller aus.

Ab dem Jahr 1902 trat Emma Auchentaller energisch in den Vordergrund. Sie wollte das Ihre zum Erhalt der Familie beitragen und in Grado eine Pension eröffnen. Dieser Initiative waren bereits einige Gradoaufenthalte vorangegangen, da Maria Urlaube am Meer verordnet worden waren. Schließlich baute der Wiener Architeckt Julius Mayreder auf den Resten einer alten Festung die Pension Fortino. Die Grundidee und die Gestaltung der Fassade stammten von J. M. Auchentaller. Emma feierte mit dem Fortino einen grandiosen Erfolg, bald errichtete sie Dependancen und eine hoteleigene Wäscherei. Auf der Insel Morgo wurde Gemüse angebaut, um das Fortino versorgen zu können. Auch ihr Mann engagierte sich in Grado und entwarf 1906 das berühmte Plakat »Österreichisches Küstenland – Seebad Grado«. Trotzdem er mit der Gruppe um Klimt aus der Secession ausgetreten war und dadurch an Terrain verloren hatte, blieb er vorerst ein gefragter Maler. Mit der Zeit litt seine Karriere unter der Abwesenheit von Wien. Bis zum Ausbruch des Ersten Weltkrieges verbrachte er daher die Wintermonate in der Hauptstadt. »Komm so schnell Du kannst in den warmen Süden. Ihr armen Wiener habt ja keine Ahnung, wie schön es bei uns ist«, schrieb Emma am 12. November 1902 aus einem sonnenduchfluteten Grado nach Wien.

Das Jahr 1914 war für die Familie Auchentaller von Marias Tod überschattet. Wenige Wochen danach verließen sie die Laguneninsel. England hatte den Deutschen den Krieg erklärt. Nach Kriegsende bekam Emma ihren Besitz in Grado rückerstattet. Sie führte das Fortino weiter. Es folgten gute und weniger gute Jahre für den Betrieb, je nachdem wie es das wirtschaftliche Auf und Ab der Zwischenkriegszeit erlaubte. In dieser Zeit malte J. M. Auchentaller selten, wenn, dann vorwiegend Porträts. Als in den Zwanzigerjahren im Zuge der Vorbereitung für eine Ausstellung in Argentinien rund zwanzig Gemälde verschwanden, war Auchentaller darüber derart verbittert, dass er sich mehr und mehr aus der Welt der Kunst zurückzog. Nach dem Tod seiner Emma im Jahr 1945 sprach er kaum noch mit jemandem. J. M. Auchentaller starb am 1. Jänner 1949 in Grado, vergessen von seinen Wiener Kollegen. Doch in Grado ist man bis heute stolz auf den Secessionisten am Rande des Reiches, auf den vielseitigen Künstler, den Maler, den Schöpfer von Stoffmustern und von Broschen, von Gürtelschnallen und Emailarbeiten, auf den Landschafts-, Porträt- und Plakatmaler, auf das Universalgenie, dem die Welt einmalige Kunstwerke verdankt.

Josef Maria und Emma Auchentaller im Fortino

»Pepi« und Emma in der Lagune

Gradeser Chronik der Sommerfrische

Nachdem das Haus Habsburg als Folge des Krieges im Jahr 1866 die venezianischen Strände verloren hatte, waren die sonnenhungrigen Gäste gezwungen, nach neuen Zielen zu suchen. Die Wahl fiel auf Grado, dessen mildes Klima bis dahin nur die einheimischen Fischer zu schätzen gewusst hatten. So begann im späten 19. Jahrhundert der Aufstieg Grados vom Fischerdorf zu einer der führenden Sommerfrischen an der Adria. 1893 befürwortete der Kaiser einen Antrag der Grafschaft Görz auf Ausbau von Grado zum Seebad und Kurort.

Bereits drei Jahre davor hatte man vor dem Strand auf Höhe der heutigen Ville Bianchi eine Badeanstalt auf Eichenpfählen ins Wasser gesetzt. Dieses Strandbad war ein typisches Beispiel für die damalige Bäderarchitektur. Im Zentrum des Kreuzgrundrisses befand sich das mit einer Meeres-Terrasse ausgestattete Caférestaurant, in dem man sich erfrischen und Konzerten lauschen konnte. Links und rechts reihten sich mehrere hundert Umkleidekabinen. Von der Badeanstalt führte eine Strandpromenade bis in die Altstadt. Dort pflegten sich die Damen und Herren des Wiener Adels aufzuhalten. Eine beliebte Abwechslung bestand darin, sich fotografieren zu lassen. Gleich vier Fotoateliers wetteiferten mit Kiosken entlang der Promenade um die Gunst der Kunden. Zwischendurch traf man sich in Cafés oder stärkte sich in den Restaurants bei Wiener Küche und Pilsner Bier. Sportliche Geister versammelten sich auf dem gepflegten Rasen des Tennisplatzes, gleich gegenüber der Badeanstalt, zu einem freundschaftlichen Match. Zum Standardprogramm der Kurgäste gehörte auch eine Besichtigung der Sardinenfabriken.

Einen denkwürdigen Tag für die Entwicklung Grados stellte der 4. April 1900 dar. Grado war bis dahin eine Laguneninsel mit begrenzter Trinkwasserkapazität. Das Wasser wurde in einem ausgeklügelten Zisternensystem gesammelt, beziehungsweise von Aquileia per Schiff herbeigeschafft. Nach monatelangen Versuchen wurde in der Nacht zum 4. April die Vision des Bürgermeisters Marchesini Realität. In 217 Metern Tiefe war man auf Wasser gestoßen, aus dem Bohrloch auf der Piazza Grande schoss eine meterhohe Fontäne. Mit dem Wasser schoss auch der Fremdenverkehr aus dem Boden. Während sich im Jahr 1900 die Zahl der Übernachtungen auf bescheidene 2.000 beschränkte, zählte der Ort in der letzten Saison vor dem Ersten Weltkrieg 18.005 Kurgäste. Der Großteil kam dabei aus den Kronländern, doch laut Chronik der Kurverwaltung war einer sogar aus dem fernen Ägypten an die obere Adria gereist. In der Zeit nach 1900 entstanden die mondänen Villen und Hotels, so zum Beispiel die Villen des Baron Bianchi, die Villa Imperiale der Familie Anbelang und die Pension Fortino der Emma Auchentaller.

Seebad Grado, 1907

Aus der Badeordnung 1914 des Seebades und Kurortes Grado im österreichischen Küstenland

Die Badeanstalt

Die aus der räumlich voneinander getrennten Damen- und Herrenabteilung bestehende Badeanstalt enthält Kabinen und Süßwasserdouchen. Dieselbe wird am 1. Mai geöffnet. Ostwärts von dieser breiten sich am Strande die lustigen, bunten Reihen der Familienzelte aus, und bildet sich hier der Vereinigungspunkt der Badegäste. Den Bediensteten ist es strenge untersagt, Trinkgelder zu fordern.

Badende mit offenen Wunden dürfen von der Badeanstalt keinen Gebrauch machen. Ebenso ist der Eintritt in die Badeanstalt sowie die Benützung des Strandes den mit ansteckenden Krankheiten (Keuchhusten etc.) behafteten Personen untersagt. Es ist verboten, in den Badekabinen zu rauchen.

Die erwachsenen Badegäste müssen einen vollständigen und undurchsichtigen Badeanzug tragen. Der Gebrauch von Schwimmhosen ist allein Kindern unter 10 Jahren gestattet.

Der Eintritt in die Damenabteilung ist den Herren strengstens verboten, ausgenommen sind Kinder unter 10 Jahren. Für Sonnenbäder der Herren und Damen ist je ein abgesondertes Etablissement am Strande eingerichtet, wo kein Kostümzwang besteht. Um jedoch von hier aus ein Meerbad zu nehmen, ist das komplette Badekostüm geboten.

Ein anständiges Benehmen wird den Badegästen besonders empfohlen. Diesem Erfordernisse und den Vorschriften nicht Nachkommenden werden gestraft und aus dem Badeetablissement entfernt.

Miete von Familienstrandzelten

I. Reihe	pro Tag	K3
II-IV. Reihe	pro Tag	K2
Von der V. Reihe aufwärts	pro Tag	K 1,50

Dienstmännertarif

Für einen Gang in die Stadt	K -,20
Für eine Dienstleistung bis zu einer halben Stunde	K -,50
Für eine Dienstleistung bis zu einer Stunde	K 1,00

Für Dienstleistungen von 9 Uhr abends bis 4 Uhr früh werden alle oben angeführten Preise verdoppelt.

Lawn-Tennis Tarif
Preis für den Platz pro Stunde und ein Dutzend Bälle 2 Kronen; für ein Racket 20 Heller; für in Verlust gebrachte Bälle pro Stück 1 Krone; für ein in Verlust gebrachtes oder unbrauchbar gemachtes Racket 15 Kronen.

(Anmerkung: Der durchschnittliche Tageslohn eines Arbeiters lag im Jahr 1912 bei 3,50 Kronen.)

Restaurant auf der Seebrücke

Links Villa Imperiale (Reale), rechts Villa Azzurra, vor dem Ersten Weltkrieg

—— In und um Grado ——

Das Vergnügen …

… in einer der alten Villen zu übernachten, ist teuer erkauft. Aber immerhin, es gibt sie noch. Die bekanntesten, in bestechender Lage, sind die Ville Bianchi. Schräg gegenüber und sehr empfehlenswert: die Villa Erika. Die ehemalige Villa Imperiale heißt seit den Zwanzigerjahren Villa Reale, ansonsten hat sich am Ambiente nicht viel verändert. Das ehemalige Fortino findet man auf dem Largo della Vittoria. Aus dem ersten Haus am Platz wurde eine Wohnhausanlage. Bei genauer Betrachtung erkennt man die Schiffsform, die Arkadenfenster und den typischen Dachvorsprung. Die verspielten Details im Secessionsstil, wie zum Beispiel der breite Fries im Schachbrettmuster unter der Dachtraufe und die großflächigen Graffiti mit Meeresmotiven und dem Hauswappen, gingen während des Zweite Weltkrieges verloren.

Die Villa Azzurra war eine der ersten Villen auf der Lagunenseite Grados und wurde 1912 erbaut. Seit dem Jahr 1941 beherbergt sie ein Hotel. Im Jahr 1960 wurde die Villa Azzurra mit der benachbarten Villa Savoia zusammengelegt, es entstand das Hotel Savoy in seiner heutigen Form. Das Savoy gehört zu den führenden Betrieben Grados. Von der alten Bausubstanz ist nichts mehr erhalten, doch wird der Familienbetrieb – im übrigen fest in österreichischer Hand – mit einem Engagement geführt, das an den Pioniergeist und Schwung Emma Auchentallers erinnert.

Die Villen des Baron Bianchi

Vom Mythos des malerischen Fischerdörfchens …

… darf man sich ein für alle Mal verabschieden. Von den rund tausend Berufsfischern und den vierhundert Fischerbooten, die man im Jahr 1900 zählte, finden sich nur noch traurige Reste. In irgendeiner Form lebte damals jeder Gradese vom Meer. Man sammelte Krabben und Muscheln, züchtete Austern, half bei Bau und Instandhaltung der Boote oder war in einer der drei Sardinenfabriken beschäftigt. Die erste Fabrik wurde von Karl Warhanek im Jahr 1871 errichtet, dessen Marke »Ocean« bis heute erhalten geblieben ist. Für Fischer und Fabriksleute gab es eine eigene Krankenkasse und Unfallversicherung.

Will man sich mit einem echten Gradeser Fischer über Lagune und Meer unterhalten, so findet man diesen, nein, nicht im Hafen, sondern in der Calle Merlato 1. Im Vereinslokal der *Graisani de Palù* wurde noch jeder herzlich empfangen. *Graisani de Palù* bedeutet so viel wie Menschen aus der Lagune. Geöffnet ist ab 17 Uhr, Kenntnisse des Italienischen sind nicht hinderlich, helfen aber beim Gradeser Dialekt nicht wirklich weiter. Besser ist es, mit drei bis vier Gläschen Wein à Euro 1,50 im Blut die Sprachbarriere zu überspringen. Mit viel Glück und noch mehr Zeit lässt sich vielleicht sogar ein Ausflug in die Lagune arrangieren – abseits des Massentourismus.

Einheimisches Strandvergnügen …

… bietet bei freiem Eintritt der Lagunenstrand von Belvedere. Kurz vor dem Zufahrtsdamm nach Grado zweigt eine Straße nach links ab. Die Lagune hat hier den Charakter eines riesigen Sees, an dessen Ufer sich Picknick- und Badegäste im Schatten alter Pinien ausruhen. Die Pinien sind der spärliche Rest eines breiten Waldgürtels, der noch im 19. Jahrhundert die Adriastrände von Ravenna bis Grado säumte. In Belvedere lag bis 1936 auch der kleine Hafen, von dem aus die Fährboote nach Grado übersetzten. Denn bis zu diesem Zeitpunkt war Grado eine Insel und nur per Schiff erreichbar.

Gruß aus Grado

Grado

(Küstenland)

Saison 1. Mai bis Oktober.

Schönstes Seebad Oesterreich-Ungarns. Klimatischer Kurort. Prächtiger, frei zugänglicher **Badestrand.** Großes modern eingerichtetes **Badeetablissement.** Strandzelte. Sand- und Sonnenbäder. Neue Kuranstalt. Warme Meerwasserbäder. Deutsche Aerzte. Post- und Telegraph. Konzerte der **Stadt- und Kurmusik.** Gesellschafts-, Spiel- und Lesesäle. Barken- und Dampferausflüge. Der ganze Kurort **elektrisch** beleuchtet. Ausgezeichnete **Wasserleitung.** Hotels und Pensionen **ersten** Ranges mit **Wiener Küche. Mässige Preise.** Vorzüglich eingerichtete Privatwohnungen und Zimmer, in Gärten gelegene Villen. Parkanlagen. Staubfreie Spaziergänge. Kinderspielplatz. Täglich **mehrmalige** Verbindung mit Aquileja (Bahnroute **Nabresina Villa Vicentina)** und **Triest** (Salon-Eildampfer). Direkter **Schlafwagenverkehr** (Wien-Venedig). Im Jahre 1908 an **9000** Kurgäste. Prospekte und alle sonstigen Auskünfte gewährt bereitwilligst

die Kurverwaltung,

Die Auskunftsstelle für Sommerwohnungen,
Wien, I. Wollzeile 4 und die Redaction des Almanach der österr. Riviera, Voloska-Abbazia

Aus dem Almanach der österreichischen Riviera, 1908

Foto: Wien Museum

Seebad Grado, 1906
Josef Maria Auchentaller,
Farblithografie

Cormons
Spessa
Podgora
Mossa
Capriva
Moraro
Lucinico
Borgnano
Langoris
S.Lorenzo d. Mossa
Viscone
Chiopris
Medea
Corona
S.Andrä
Mariano
Villanova
Savogna
S.Vito
Versa
Fratta
Farra
Merna
Romans
Granglio
Gradisca
Tapogliano
S.Michele
S.Grado d.M.
Campolongo
Sagrado
S.Martino d.Carso
200
Villesse
Fogliano
Lokvica
Cavenzano
S.Pietro d.Isonzo
Polazzo
Vallone
Oppachiasella
Perteole
Redepugl.
Casseliano
Doberdo
Soleschiano
Ruda
Mortesins
Vermegliano
S.Zanut
S.Nicolo
Turriaco
Ronchi
Selz
Jamiano
Villa Vincentina
Passolato
Begliano
Monfalcone
Pieris
Staranzano
Villa Raspa
Medeazza
S.Antonio
Fiumicello
S.Canciano
325
Bestrigna
S.Giovanni
S.Valentino
Buchtv.
Panzano
S.Lorenzo
Isola Morosina
Duino
Aquileja
I.Morosini
Alberone
Isonzo
S.Narca
Belvedere
Sdobba
GORGO
Barbana
Leuchtth.Primera
P.to Sdobba
Rotta Prim.
S.Pietro d'Orio
P.to Primero
Spollonia
Grado
GOLF VON TRIEST

Grado, Görz

Weit weg von Wien

Die elegante Dame streicht eine Haarsträhne aus ihrem Gesicht, überlegt kurz und stellt fest: »Wenn meine Tante den Fürsten Starhemberg nicht geheiratet hätte, dann wäre ihr Leben wohl anders verlaufen.« Nora de Karwin schaut nachdenklich auf das Glas Wasser vor sich. Der Demel ist hoffnungslos mit Touristen überfüllt, aber Frau de Karwin hat diesen Ort bewusst ausgesucht. »Der Demel war die Lieblingskonditorei Tante Noras, das haben in unserer Familie alle gewusst.« Mit fester Stimme, Klangfarbe Alt, spricht Frau de Karwin über die »Tante Nora«. Ihre Sätze klingen nach liebevoller Erinnerung. Das Bild einer »netten alten Tante«, das durch die warmherzigen Worte entsteht, führt allerdings in die Irre, denn Frau de Karwin erzählt von einer der schönsten Frauen im Wien der Dreißigerjahre: Nora Gregor, einst Publikumsliebling des Burgtheaters, gefeierte Bühnenschauspielerin, Filmstar in Europa und Hollywood … und seit fünfundsiebzig Jahren von allen vergessen. Sowohl in Wien als auch in ihrer Geburtsstadt Görz.

Nora de Karwin – aus Kanada angereist, um Verwandte zu besuchen, Erinnerungen aufzufrischen und ihre Wurzeln zu pflegen – kramt in der Handtasche und legt ein kleines Album auf den Tisch. Das Programm mit der Wiener Familie ist absolviert, nun möchte sie ein paar Tage auf den Spuren der berühmten Tante wandeln, auf die sie, wie sie es ausdrückt, fixiert sei. »Vielleicht, weil ich ihr Taufkind bin und sie mich immer so lieb Norli nannte. Oder, weil ich vor meiner Heirat auch Nora Gregor hieß und ihr sehr ähnlich sehe«, sagt Frau de Karwin ohne jegliche Koketterie. Tatsächlich, die kanadische »Norli« ist mit ihren zweiundachtzig Jahren, den weißen, kinnlangen Haaren, den großen Augen und dem markanten Profil noch eine sehr schöne Frau. Man kann sich gut vorstellen, wie fabelhaft sie als junges Mädchen ausgesehen hat. »Ungefähr so«, sagt Frau de Karwin und erlaubt einen Blick in ihre private Sammlung: Familienfotos, Nora Gregor als Kind mit ihren Geschwistern in Görz, Bilder aus der Wiener Zeit und sehr viele Bilder von Nora Gregor als Star an der Burg, auf der Bühne, im Film. In den letzten Jahren hat Frau de Karwin begonnen, Erinnerungen an ihre Tante zusammenzutragen: Bilder, Programmhefte, persönliche Dokumente, alte Briefe. »Meine Sehnsucht nach der alten Heimat Europa wird jedes Jahr größer. Seit einigen Jahren komme ich regelmäßig und weiß doch nie, ob es nicht zum letzten Mal ist.« Auch das scheint in der Familie zu liegen: Weit weg von Wien zu leben.

Nun aber der Reihe nach. Wie war das mit der berühmten Tante? Gerne erzählt Frau de Karwin mehr: »Nora war die älteste Tochter meines Großvaters, des Juweliers Karl Gregor aus Görz. Die Familie hatte auch Geschäfte in Grado und Graz. Görz, Grado, Graz … die drei ›G‹.« Ja die Familie Gregor sei sehr umtriebig gewesen. Nora wuchs in Görz auf und schon als Schulmädel verspürte sie den brennenden Wunsch, ans Theater zu gehen. Sie war dreizehn Jahre alt, als der Erste Weltkrieg ausbrach und sie mit den Eltern und den drei Geschwistern Görz verlassen musste. »Mein Vater war Noras jüngerer Bruder Norbert, auch er wollte ursprünglich Schauspieler werden«, sagt Frau de Karwin. »Norbert scheiterte, Nora schaffte den Sprung auf die Bühne. Schützenhilfe bekam sie dabei von Alexander Moissi. Er war ein guter Freund meines Großvaters und stammte wie meine Familie aus dem ehemaligen Küstenland, aus Triest.« Moissi nahm Nora unter seine Fittiche und verhalf ihr zu ersten Rollen. Wahrscheinlich bewirkte er auch, dass Nora von Max Reinhardt für die Salzburger Festspiele engagiert wurde. Moissi war der erste Jedermann und sehr gut mit Reinhardt bekannt. Nicht nur in Salzburg, auch in Wien an der Josefstadt hat Nora unter Max Reinhardt gearbeitet. Sie schätzte ihn sehr, wenngleich sie noch Jahre später mit gespieltem Groll erzählte, wie schwer Reinhardt es ihr gemacht habe, nach Hollywood zu gehen. Er wollte sie einfach nicht ziehen lassen. Der amerikanische MGM-Agent verfolgte Reinhardt damals durch ganz Europa, um Nora freizubekommen. Irgendwann hat es geklappt und Nora konnte nach Amerika – ohne ein Wort englisch zu sprechen. Im Grunde war das auch nicht nötig. Denn Nora Gregor wurde nach Hollywood geholt, um in den deutschen Fassungen von englischen Hollywoodproduktionen zu spielen. Synchronisation gab es noch keine, man drehte die Filme mit deutschsprachigen Schauspielern nach.

Die Demelinerin stellt den Eiskaffee auf den Tisch. Eine willkommene Erzählpause. Frau de Karwin zelebriert Löffel für Löffel und lacht. »Ich bin der Tante offenbar wirklich sehr ähnlich. Sie war eine Naschkatze und liebte Nusstorte mit Schlag über alles.« Sprach's, und schon fischt Frau de Karwin genüsslich den letzten Klecks Eis aus dem Becher. Dann zeigt sie im Album auf ein altes Foto der Villa Reale in Grado. Genauer gesagt auf ein Fenster im ersten Stock über einer mit Säulen umfassten Veranda. Als Stammgast der Villa Reale hat Nora Gregor stets im Zimmer mit der großen Terrasse gewohnt. Die gesamte Familie Gregor sei gerne in Grado gewesen. »Vor dem Ersten Weltkrieg sowieso, aber auch in der Zwischenkriegszeit war Nora oft mit meiner Großmutter dort. Tante Nora kam häufig nach Italien. Anfangs, um in Venedig am Lido zu filmen oder die Großmutter in Görz zu besuchen, später mit Starhemberg, der eng mit Mussolini in Kontakt stand.«

Wieder das Stichwort Starhemberg. »Eine Messalliance – zumindest aus meiner Sicht«, murmelt Frau de Karwin. »Die beiden haben einfach nicht zueinander gepasst. Sie war eine zarte Künstlerseele, er ein Soldat.« Fast flüstert sie es. So, als ob niemand davon wissen dürfe. Genau wie damals. Von der Beziehung zwischen der Burgschauspielerin und dem Fürsten, der nach Dollfuß der zweite

Mann im Staat und vor allem ein verheirateter Mann war, sprach man in Wien nur hinter vorgehaltener Hand – dafür umso ausgiebiger. Der Fürst, Heimwehrführer und Vizekanzler sorgte stets für Gesprächsstoff. Besonders im Vierunddreißiger Jahr. Seit er im Februar 1934 im Bürgerkrieg eine fragwürdige Rolle gespielt hatte, war seine Person in aller Munde. »Die Tante hat sehr oft über die schlimme Zeit erzählt. Damals wohnte sie in der Steinfeldgasse, direkt gegenüber von Alma und Franzl.« Alma und Franzl? »Ja, Alma Mahler und Franz Werfel. Jedenfalls in der Steinfeldgasse, nur wenige Straßen oberhalb des Karl-Marx-Hofes in Heiligenstadt. Die Schüsse der Februarunruhen fielen quasi vor Tante Noras Haustür. Alma ließ in ihrem Garten theatralisch eine Haubitze in Stellung bringen. Tante Nora zog lieber die Vorhänge zu und sperrte sich ein.

Im Juli desselben Jahres verbrachte die Tante mit Starhemberg einige Tage am Strand von Venedig. Just während dieser Zeit wurde Dollfuß erschossen und Starhemberg musste als Vizekanzler in der Sekunde mit dem Flugzeug nach Wien.« Im Oktober kam der gemeinsame Sohn zur Welt … heimlich, in Luzern. Es vergingen Jahre bis Starhembergs erste Ehe annulliert war und Nora im Dezember 1937 endlich Frau Starhemberg wurde. »Wenn meine Tante Ernst Starhemberg nicht geheiratet hätte, dann wäre ihr Leben sicher anders verlaufen«, wiederholt Nora de Karwin mit Nachdruck. »Tante Nora war eine gefeierte Burgschauspielerin, sie war unabhängig, erfolgreich, beliebt. Sie hat Ernst Starhemberg nicht notwendig gehabt. Aber sie hat ihn geliebt und wollte ihn haben. Das war ihr Pech! Tante Nora glaubte, mit der Heirat alles erreicht zu haben. Sie war eine umjubelte Diva und nun Fürstin Starhemberg. Doch nur vier Monate nach der Hochzeit kam der Anschluss, Starhemberg stand als erklärter Hitlergegner ganz oben auf der Abschussliste der Nazis. Tante Nora blieb keine andere Wahl, sie musste mit ihrem Mann fliehen. Durch die Verbindung mit Starhemberg hat sie ihre Existenz verloren.«

Vom restlichen Leben der einst so berühmten Tante weiß Frau de Karwin nur, was ihr die Großmutter weitergegeben hat. Und was in den Zeitungen zu lesen stand. Und natürlich kennt sie *La Règle du jeu,* Jean Renoirs Kultfilm, in dem Nora Gregor die Hauptrolle spielt. Gesehen hat sie die Tante nie wieder, denn sie ging mit Ernst Starhemberg ins Exil. »Eine Zeitlang schrieb Tante Nora der Großmutter viele und lange Briefe von den verschiedenen Stationen der Flucht ... Paris, Südfrankreich und Argentinien. Zwischen 1942 und 1944 riss der Kontakt kriegsbedingt ab. Keine Nachricht aus Chile, wohin es Tante Nora in der Zwischenzeit verschlagen hatte.« Erst 1945 hörte man wieder voneinander. Nora lebte mit ihrem Sohn in einem kleinen Landhaus bei Freunden in Viña del Mar, Ernst Starhemberg weiter in Argentinien. »Angeblich allein, in La Cumbre mit den Pferden und kaputten Nerven – so hat es Tante Nora meinem Vater geschrieben«, erzählt Frau de Karwin und fügt ein ironisches »Hauptsache Tante Nora hat daran geglaubt« hinzu.

Im Jänner 1949 kam die traurige Nachricht. Nora Gregor war plötzlich an Herzversagen gestorben. »Wäre es nicht zu kitschig, dann würde ich sagen, sie starb an gebrochenem Herzen«, meint Nora de Karwin. »Verlassen, vergessen, weit weg von allem, was ihr etwas bedeutet hat, weit weg von ihrer Familie, der Mutter, den Geschwistern, weit weg vom Burgtheater ... weit weg von Wien.«

Die zwei Stunden bei Kuchen und Eiskaffee sind schnell vergangen, so lebhaft hat Nora de Karwin erzählt. Nun schweigt sie für ein Weilchen und ist mit ihrer Tante Nora für sich. Im Demel ... vielleicht auch in Görz, in Grado, in Viña del Mar, irgendwo auf der Welt mit Blick über das Meer, auf die Adria, den Atlantik oder den pazifischen Ozean. »In einer Woche fahre ich zurück nach Kanada«, sagt Frau de Karwin abrupt, als habe sie nun genug von den Sentimentalitäten. Ob sie denn bald wieder nach Europa komme? »Aber sicher, ich möchte noch mein Programm absolvieren«, antwortet sie und lacht. Die Kontaktdaten der Villa Reale in Grado

Nora Gregor, 1932

habe sie schon im Internet gefunden. Ein paar Tage im Zimmer mit der großen Terrasse und dem Blick auf die Strandpromenade und auf das Meer würden ihr sehr gut gefallen! Doch als Nächstes plane sie eine besondere Reise. Eines will sie in ihrem Leben noch sehen: das Grab von Tante Nora in Santiago de Chile und das Städtchen Viña del Mar, den Ort, wo die Tante die letzten Jahre ihres Lebens verbrachte, und über den sie kurz vor ihrem Tod schrieb: »Wir sind seit fast drei Jahren in Chile – Heini, Ada Benigni und ich. Meine gute Freundin Amalia hat uns ein liebes Häuserl, allein im Eukalyptuswald, zur Verfügung gestellt, mit Garten, Gemüsegarten – es ist zauberhaft schön, der Garten, die Blumen, die Sonne, die Ruhe – sie tut mir oft weh, all die Schönheit. Ich kann hier gar nicht glücklich sein, mein Gewissen, mein ganzes Denken ist ja immer nur in Europa, meine Gedanken sind immer bei euch allen in Wien.«

Aus der Wiener Zeitung vom 18. Oktober 2008: Traumverhangen war ihr Auge

von Hans Kitzmüller

Jean Renoir sah sie zum ersten Mal eines Abends in einem Pariser Theater, unweit von ihm sitzend. Sie machte auf ihn einen so enormen Eindruck, dass er sie unbedingt als Hauptdarstellerin in seinem Film »La Règle du jeu« engagieren wollte. Nach dem »Anschluss« 1938 lebte Nora Gregor in Paris. Als die Nazis auch Frankreich besetzten, musste sie weiter flüchten. Aus dem Exil in Südamerika schrieb sie an ihre Mutter: »Wie habe ich die Reise hierher gefürchtet, doch es ist nur das erste Mal, dass man glaubt, man führe ans Ende der Welt.« Nora Gregor fand sich in Südamerika nicht mehr zurecht und starb 1949 in Santiago de Chile an Herzversagen. Der Krieg war seit Jahren beendet, aber sie konnte nicht zurück in die Heimat, nicht zurück in ihre Welt: auf die Bühne. In den Zwanziger- und Dreißigerjahren war Nora Gregor eine der berühmtesten österreichischen Schauspielerinnen. Als Burgtheatermitglied trat sie von 1933 bis 1937 in vielen Rollen auf: als Agnes Bernauer, Käthchen von Heilbronn, die Shakespearsche Julia, als Nathalie im »Prinz von Homburg«, als Kaiserin in Saßmanns »Maria Theresia und Friedrich II«, um nur die wichtigsten zu nennen. Eine ihrer letzten Rollen war die Schönheit im »Salzburger großen Welttheater«. Als solche hatte sie »das mühelos und selbstverständlich Strahlende der Schönheit. Das Eitle, Lockende und Spielerische der Schönheit deutete sie hingegen nur mit leisen, zaghaften Strichen an. Fast, als schäme sie sich dessen. Traumverhangen war ihr Auge, und ihr Blick, auch der lachende, der lächelnde, der spöttische, ging in die Ferne«, hieß es über sie. Nora Gregor war eine durch und durch lyrische Schauspielerin. 1920 debütierte sie im Renaissancetheater in Wien. Sie war noch sehr jung und kam geradewegs von der Theaterschule. Dennoch horchte man auf, schon bei den ersten Worten, die sie sprach, lag ein ungewöhnlicher Ton in ihrer Stimme. In der Theatergeschichte ist Nora Gregor als Schauspielerin unter Max Reinhardt ebenso präsent wie als Burgschauspielerin. Viele erinnerten sich lange an die Salzburger Festspiele des Jahres 1923. Nora Gregor war als Beline im »Eingebildeten Kranken« ein »Wesen von unverwechselbarem Zauber, hell in ihrer Zartheit, voll nervöser Harmonie.«

Ihre Kindheit verbrachte Nora Gregor im Süden, sie wurde 1901 im altösterreichischen Görz geboren. Schon als Mädchen träumte sie davon, zur Bühne zu gehen. Aber ihre Eltern erlaubten ihr nicht, Schauspielerin zu werden. Der Vater war sehr konservativ, zum Wunsch seiner Tochter, Schauspielerin zu werden, sagte er nur: »Ausgeschlossen«. Nach den ersten Isonzoschlachten musste die Zivilbevölkerung Görz verlassen. Die Familie Gregor zog erst nach Klagenfurt, wo Nora heimlich, ohne Erlaubnis der Eltern, Aufführungen des Stadttheaters besuchte. Eines Abends kam Nora wie verwandelt vom Theater nach Hause. Zuerst setzte sie durch, dass sie Schauspielunterricht nehmen durfte. Und als das erreicht war, wollte sie selbstverständlich nach Wien. Mit einer schauspielernden Tochter hatte sich Herr Gregor abgefunden. Aber dass sie sich nun ins Sündenbabel Wien begeben wollte, leuchtete ihm durchaus nicht ein. Nun hatte sie aber bereits einen Antrag an die Wiener Renaissancebühne geschickt, und Nora durfte bald voll Stolz berichten, dass bei ihrem Debüt Harry Walden, einer der gefeiertesten Schauspieler Wiens, ihr Partner sein würde. Nach ersten Schritten im Stummfilm kam sie nach Berlin, spielte dort mit Max Pallenberg als Partner und wurde von Max Reinhardt entdeckt. Er stand damals vor der Übernahme des Josefstädter Theaters. Nora war die erste Frau, die er für seine im Entstehen begriffene Wiener Bühne engagierte.

Nora Gregor war zu Beginn der Dreißigerjahre auch in Hollywood erfolgreich: »Die zwei Jahre drüben (in Kalifornien, Anm.) gehören sicher zum Schönsten, was ich je erlebt habe«, sagte sie einmal in einem Interview. »Aber je mehr Leute mich dort für eine Engländerin oder Amerikanerin hielten, desto stärker wurde in mir die Sehnsucht nach der Heimat. Und schließlich konnte mich drüben nichts mehr halten, ich musste einfach nach Österreich zurück!« Also nahm sie ein Engagement am Burgtheater an. Der erste Auftritt des Hollywood-Stars im Akademietheater im Oktober 1933 wurde ein Riesenerfolg. »Ihre wunderschönen Kinoaugen blicken in natura auf ein von ihr restlos entzücktes Parkett. Sie hat also nicht nur Sex-, sondern auch Heart-appeal und Eyes-appeal und so ziemlich alle Appeals, die es gibt«, schrieb damals Alfred Grünwald im »Wiener Journal«. Trotz sex appeal gab Nora Gregor den Wienern keinen Anlass zu moralischer Entrüstung. Sie besuchte keine Nachtlokale, sondern lebte still und zurückgezogen. Selbstverständlich hatte sie eine Menge Verehrer, doch sie hielt zu allen Distanz.

Nora Gregor war seit Ende des Jahres 1933 mit dem damaligen Vizekanzler Ernst Rüdiger von Starhemberg heimlich liiert. Sie hatte sich nie für Politik interessiert, deshalb kümmerte sie sich auch nicht um die ziemlich umstrittene Rolle, die Starhemberg im politischen Leben Österreichs spielte. Starhemberg war von 1934 bis 1936 zuerst unter Dollfuß, später unter Schuschnigg, Vizekanzler im autoritären österreichischen Ständestaat und nach der Ermordung von Engelbert Dollfuß zudem Führer der Vaterländischen Front, der Einheitspartei Österreichs. Nora wusste angeblich über den Fürsten nichts zu sagen, als dass sie ihn liebte. Im Jahr 1941, überrollt von den Ereignissen, schrieb sie aus dem Exil: »Ich hasse alles, was mit Politik zusammenhängt. Kunst hat nichts mit Politik zu tun – aber wo gibt es das? (…) Die Politik hat mir alles genommen.« Denn als Hitler in Österreich einmarschierte, befand sich das Paar auf Winterurlaub in der Schweiz. Als erklärter Gegner Hitlers und glühender Patriot, der die Unabhängigkeit Österreichs bewahren wollte, konnte Starhemberg nicht mehr nach Wien zurück. Er floh mit seiner Frau nach Paris. In Paris erlebte Nora ein weiteres interessantes Kapitel ihres Lebens. Sie spielte in Jean Renoirs »La Règle du jeu« und begegnete Greta Garbo, Maurice Chevalier und Coco Chanel. Als die Deutschen Paris besetzten, meldete sich Starhemberg freiwillig bei der französischen Luftwaffe. Daraufhin wurden seine Besitztümer in Österreich beschlagnahmt. Starhemberg war einer der wenigen Österreicher, die öffentlich gegen Hitler kämpften. Nora verließ mit ihrem Kind Europa und fuhr nach Argentinien. Starhemberg kam zwei Jahre später nach. Das Zusammenleben wurde schwierig. Das Paar trennte sich, Nora ging nach Chile. 1945 schilderte Nora ihrer Freundin Alma Mahler-Werfel brieflich ihren Gemützustand: »In welch schwieriger Situation ich mich seit Jahren befinde, welch bittere Enttäuschung und nutzlose Kämpfe, Zerwürfnisse ich durchlebt – das lässt sich nicht beschreiben.« Weitere vier Jahre später war Nora Gregor noch immer in Chile, mittellos mit ihrem Sohn. Von Wien wusste Nora damals nur, dass es in Trümmern lag. In Briefen rieten ihr Freunde davon ab, nach Wien zurückzukommen. Eine Starhemberg wäre auf den Bühnen nicht gerne gesehen. Aber lange schon war sie keine echte Starhemberg mehr. Längst lebte sie von ihrem Mann getrennt. Sie war nur noch Nora Gregor, ein vergessener Star.

Auf den Spuren von Nora Gregor im Küstenland

Die Villa Reale …

… wurde im Jahr 1912 von Hugo Anbelang erbaut und hieß ursprünglich Villa Imperiale. Hugo Anbelang war der Neffe von Carl Warhanek, der in Grado die erste Sardinenfabrik errichtet hatte. Die Villa war offensichtlich nie als Unterkunft für die Familie Anbelang gedacht, denn bereits 1914 schien im Verzeichnis der Kurverwaltung von Grado Hugo Anbelang mit seiner Villa Imperiale als Privatzimmervermieter auf. 1920 kam die Villa in den Besitz der Familie Vianello, ab diesem Zeitpunkt hieß sie Villa Reale. Nora Gregor war oft und gerne in Grado. 1941 schrieb sie aus dem Exil an ihre Mutter: »Hoffentlich hast du einen nicht zu heißen Sommer in Grado und es geht deinem Herzen gut, trotz der Hitze. Und dass ihr in der Villa Reale wohnt, rührt mich einfach. Ich sehe noch mein Zimmer mit der großen Terrasse vor mir … wär ich nur auch wieder da.«

Nicht nur Nora Gregor war gerne Gast in der Villa Reale, auch die Auchentallers verkehrten dort. Mit ein wenig Fantasie dürfen wir uns folgendes vorstellen: … Sommer in den frühen Dreißigerjahren. J. M. Auchentaller spaziert mit seiner Frau Emma und deren Schwester Martha die Strandpromenade entlang. Martha kam früher häufig nach Grado, bereits 1906 hat J. M. Auchentaller seine Emma und Martha auf dem Plakat »Seebad Grado« verewigt. Das verbindet, auch wenn Martha inzwischen mit dem Thonet Erben Viktor verheiratet ist und nur noch wenig Zeit für Grado hat. Bei der Villa Reale angekommen, begrüßt J. M. Auchentaller seinen Freund Vianello, der sich in der Veranda angeregt mit Nora Gregor unterhält. Gerne akzeptieren Auchentaller und seine beiden Damen die Einladung zum Tee. Man kennt sich aus früheren Jahren und freut sich über das Wiedersehen nach so langer Zeit. Schließlich war Nora ganze zwei Jahre in Hollywood, da gibt es einiges zu erzählen. Wo denn Nora in Wien jetzt wohne, will Martha wissen. Hoffentlich standesgemäß, so wie es einer berühmten Burgschauspielerin gebühre. Martha hat sogleich einen Tipp parat: Die Villa der Schwägerin in der Steinfeldgasse sei zu vermieten. Hohe Warte, direkt gegenüber den Werfels.

VILLA IMPERIALE - GRADO

unmittelbar vor dem Strande gelegen, hochelegant eingerichtet, mit modernstem Komfort, elektrischem Licht. Wasserleitung, Bäder, Ziergarten mit zahlreichen Gartensitzplätzen versehen;

besitzt 17 zweibettige Zimmer sowie 5 Mansarden; alle Räume mit Schlafdivan, die ohne Ausnahme Aussicht auf den Strand und das Meer haben. Im Hause keine Küche jedoch Frühstück und Jause.

Interurbanes und lokales Telephon vorhanden.

Die Villa ist von 15. April geöffnet.

Anfragen zu stellen an die Villa Imperiale in Grado.

Anzeige im Gratisblatt der Kurverwaltung des Seebades Grado, 1914

Die Piazzutta …

… liegt rund um die Piazza Nicolò Tommaseo. Franz Xaver Zimmermann beschreibt das Stadtviertel, in dem Nora Gregor ihre Kindheit verbrachte, so: »Wohl seit jeher ist die Piazzutta der italienischste Winkel von Görz. Durch Anlage, Bau und Charakter. Wer die breitästige, schattige Allee der Via del Ponte nuovo gegen die Isonzobrücke hin geht, der sieht gleich neben dem Austritt aus der Stadt zu seiner Rechten diesen reizvollen *borgo* – wie der Welsche die Vorstadt nennt – tief unten in der Talgrube des Cornobaches eingebettet, beherrscht von dem im subtropisch prachtvollen Garten geradezu künstlerisch in die Landschaft hineinkomponierten Grafenberger Schloss. (…) Vor der in die Häuserzeile eingebauten Kirche schaut ein offener breiter Platz tief aus der Talsohle heraus (…) Dort ist das Herz der Piazzutta. Und ihr würdiger Pfarrherr, der Reverendo Don Ziach, hat zweimal im Jahr dort ein großes Fest. Das eine am Abend des Karsamstages, wenn er den Auferstandenen in feierlichem Zuge über den Platz trägt.«

Die Familie Gregor wohnte am Rande der Piazza Tommaseo, in der Via della Scala Nr.6. Das Haus wurde im Ersten Weltkrieg zerstört. Die Via della Scala beginnt am Südende des Tommaseo Platzes und verläuft entlang des Coronini Parks. An der Nordostseite des dreieckigen Tommaseo Platzes steht die Chiesa dei SS. Vito e Modesto. In dieser Kirche wurde Nora Gregor im Jahr 1901 getauft. Nora verbrachte eine glückliche Kindheit in der Piazzutta und ging bei den Suore di Notre Dame in die Schule. Über das Auferstehungsfest in ihrem Viertel schrieb sie 1941 aus dem Exil an die Mutter: »Auch ich dachte dann an die Piazzutta – meine schönste Kindheitserinnerung, die jährliche Auferstehung dort. Noch immer sehe ich die beleuchtete Kirche und die vielen Lichter auf den Häusern ringsherum – ich höre noch die Musik der verschiedenen Kapellen und erinnere mich noch genau an unsere Freude. Ja, das waren schöne Zeiten.«

Der kleine Park auf der Piazza Tommaseo wird bald einen Namen bekommen: Nora-Gregor-Park. In Noras Kindheit fand dort alljährlich ein Volksfest statt, die *sagra:* Dann stand gegenüber der Kirche eine bewegliche Bretterbühne und der Reverendo sah von den Fenstern seiner Pfarrei »die festfrohe Menge, die sich schiebt und drängt, wälzt und flutet, lacht und singt, scherzt und trinkt, und den von freien Windlichtern beleuchteten Bretterboden, auf dem sich die Tanzenden wiegend drehen.«

Piazza Nicolò Tommaseo, 1910

Coronini Park und Piazzutta

Karl, Nora, Norbert und Theodolinde Gregor, 1911

Weitere Stationen …

… der Familie Gregor in Görz sind der Corso Verdi, die Via Bertolini und die Via Rastello. 1906 übersiedelten die Gregors in den Corso Verdi Nr. 34 (heute Nr. 107), später in die Via Bertolini Nr. 14 (heute Via Vincenzo Bellini) und schließlich zurück in den Corso Verdi Nr. 35 (heute Nr. 109).

Das Uhrmacher- und Juweliergeschäft von Karl Gregor befand sich in der Via Rastello Nr. 3, fast schon auf der Piazza Vittoria. Neben Uhren, Schmuck und Schreibgeräten verkaufte Noras Vater auch »magische Laternen«. Karl Gregor war von Böhmen nach Görz gekommen und hatte im Jahr 1893 die aus St. Veit an der Glan stammende Hermine Brunold geheiratet. Nora hatte drei jüngere Geschwister und in der Familie sprach man deutsch.

Buchtipp:

»L'altra regola del gioco«, Hans Kitzmüller, Zandonai, Rovereto 2013.

Via Rastello, vom Hauptplatz aus gesehen

Corso Giuseppe Verdi

Vedrignano
St. Martin
Quiska
Mt. Santo
St. Peter
Podsenica
Cosana
Ravnica
St. Florian
611
S. Maur
Salcano
Kronbg.
Peoma
Valerseg
Isonzo
BORGO
CARINZIA
Prestau
Rosenthal
Podgora
Kloster
Lucinico
GÖRZ
(GORIZIA)
S. Marco
Savogna
Vertojba
Merna
Biglia
Bucorizza
Banziano
Gradiscu
S. Michele
200
Veniachia
400
Lokvica
Fajti hrib
Pallone
Oppachiasella
Temnica
Doberdo
Novelo
Kostanjevica
Vojščica
Vale
Selo
Ivanigrad
Jamiano
Možci
Monfalcone
Gorjansko
Brestovica
Medeazza
Maphinje
325
Cerovlje
Prečnik
Berje
S. Giovanni
Slivno
St. Polaj
ucht v.

Görz

Rosen, Mond und Sterne

In der Mitte der Küche steht ein gemütlicher Tisch, die Möbel sind im Landhausstil gehalten und einschlägige Kochbücher im Regal verraten, dass die Familie gerne Gemüse isst. Vor dem Fenster liegt ein kleiner, grasbewachsener Hof und vis-à-vis erhebt sich eine alte Steinmauer, die bis auf zwei Meter Höhe von Hortensien überwuchert ist. Eine Küche wie diese findet man in Görz oft. Das Haus, in dem sie sich befindet, ist hingegen einmalig. Denn der Palazzo auf der Piazza S. Antonio Nr. 6 kann mit rund siebenhundert Jahren Geschichte aufwarten. Die Geschichte der Familie Lantieri, die ihn bewohnt, beginnt noch ein paar Jahrhunderte früher.

Contessa Carolina di Levetzow-Lantieri stellt eine italienische *mocca* auf den Gasherd und zündet mit der rechten Hand die Flamme an. Mit der linken ordnet sie ihre blonden Haare. Dann zupft sie ihren beigefarbenen Kaschmirponcho zurecht und atmet tief durch. Die Pausen in ihrem Tagesablauf sind kurz. Die Formalitäten mit den Hausgästen hat ihr die Tochter abgenommen, doch bis zur Eröffnung der Ausstellung im Nordflügel des Palazzos ist noch viel zu tun. Und in zwei Stunden steht die nächste Gruppe vor dem Tor, um von der Hausherrin persönlich durch den Palazzo geführt zu werden. Die Contessa mustert das Blumenarrangement auf dem Küchentisch. Die letzten Rosen des Gartens stecken lose in einem schalenartigen Gefäß, die Blüten hängen bis auf die Tischplatte herab. »Die Rosen waren heuer besonders üppig. Vor allem die Bourbonrosen haben sich gut gehalten. Sie sind etwas empfindlich«, sagt die Contessa und dreht sich zum Herd. Über dem Feuer zischt und blubbert es laut und der Kaffee beginnt in den oberen Teil der *mocca* zu steigen. »Den Rosengarten in unserem Park hat meine Urgroßmutter angelegt. Meine Großmutter Clementina Lantieri hat ihn erweitert und mit der Zucht der Bourbonrosen begonnen.« Laut Familienchronik liebte schon Kaiserin Sisi diesen Garten und das stille Ambiente des Palazzo Lantieri. Sie konnte Mirarmare nicht leiden. »Wenn es ihr zuviel wurde, zog sie sich manchmal in das Stadtpalais ihrer Hofdame Clementina Lantieri zurück und erfreute sich an der rot-rosa Pracht.«

Carolina Lantieri genießt es, die Highlights ihre Familiengeschichte nicht wie bei den Führungen streng chronologisch aufrollen zu müssen, sondern spontan das zu erzählen, was ihr gerade einfällt. Und so springt sie ein wenig im letzten Jahrtausend hin und her: Eine andere Lantieri, Aloisa, pflegte mit Schiller und Goethe zu korrespondieren. Aus den Briefen im Archiv des Palazzos geht hervor, dass sich die beiden Granden der Dichtkunst inkognito im Palazzo Lantieri trafen. Höchstwahrscheinlich war auch Emanuel Kant anwesend. Aloisa war eine enthusiastische Anhängerin des Philosophen. In einem Brief an Schiller forderte Aloisa den Dichter auf, Kant endlich zu einem geheimen Treffen einzuladen. Die Contessa lächelt charmant und strahlt dabei das Selbstverständnis alter Familien aus, die für sich beanspruchen dürfen, nicht ein Teil der Geschichte zu sein, sondern sie zu machen.

Halb Europa ist im Palazzo Lantieri in Görz zusammengekommen. Görz lag am Knoten von Nord und Süd, Ost und West. Triest hatte einen Zugang zum Meer, lag aber an der Peripherie. In Görz hingegen bündelten sich seit dem frühen Mittelalter die Verkehrswege und viele illustre Gäste machten hier Halt.

Am 14. März 1782 bezog zum Beispiel Papst Pius VI. für eine Nacht ein Zimmer im Palazzo – gartenseitig und mit einem eigenen Zugang zur palasteigenen Kapelle. Sie ist dem Heiligen Antonius gewidmet, der acht Monate hier verbrachte. Napoleon quartierte seine provisorische Stadtregierung im Palazzo Lantieri ein.

»Vierzig Jahre nach Napoleon war Görz Zufluchtsort des letzten französischen Königs«, erzählt die Contessa. »Karl X. musste samt Familie 1830 aus Frankreich fliehen und kam über Prag schließlich nach Görz. Hier starb er 1836 an Cholera. Er wurde in der Gruft von Castagnavizza begraben.«

Das Kloster Castagnavizza liegt auf einem Hügel im nunmehr slowenischen Stadtteil von Görz. Am Bau der ersten Kapelle war ebenfalls eine Lantieri beteiligt und noch heute kann man das Wappen der Lantieris dort sehen: zwei Sterne über einer liegenden Mondsichel. Nicht nur Karl X., die gesamte Bourbonenfamilie ruht in der Gruft von Castagnavizza. Auch die Gräfin von Chambord. Sie war die Frau des letzten Bourbonen, des Grafen Henri Chambord, und lebte nach dem Tod ihres Mannes bis an ihr Lebensende im Palazzo Lantieri. »Unter Rosen, Mond und Sternen«, sagt die Contessa und lächelt erneut. »Der Palazzo Lantieri wurde seit dem Jahr 1510 prominenten Gästen zur Verfügung gestellt. Meine Familie, die Lantieri di Paratico, verbrachte die meiste Zeit auf dem Stammsitz im Wippachtal. Dort lagen die Ländereien, von denen wir gelebt haben.«

Tatsächlich war der Palazzo Lantieri in Görz nur das Stadtpalais der Familie. Die Hauptschlösser lagen in Reifenberg, dem heutigen Branik, beziehungsweise im Städtchen Wippach im gleichnamigen Tal jenseits der heutigen Grenze zu Slowenien. Nach dem Zweiten Weltkrieg wurde der Besitz enteignet, Entschädigung bekamen die Lantieris kaum dafür.

Die Lantieris waren einst Herren über weite Teile des Wippachtales. Wie man sich das Landleben am Hofe der Lantieris vorstellen darf, geht aus den Erinnerungen von Carlo Goldoni hervor. 1787 schrieb er über Francesco Antonio I. Lantieri: »Ich wurde von dem liebenswürdigen Herrn sehr gütig empfangen. Seine Tafel war nicht sehr delikat, aber reich besetzt. Ich erinnere mich noch an den Bratenaufsatz. Ein Schöpsen- oder Rehviertel oder eine Kalbsbrust machte die Grundlage aus, hierauf lagen Hasen oder Fasanen, dann folgten Rebhühner, hierauf Schnepfen oder Drosseln; Rotgänse und Feigenschnepfen bildeten die Spitze der Pyramide. Die Weine waren vortrefflich.« Carolina Lantieri weiß, warum es den jungen Goldini nach Wippach verschlagen hatte. »Carlo Goldoni war der Sohn unseres Hausarztes Giulio Goldoni«, sagt sie und meint, dass es angesichts dieser Speisenfolge wohl kein Wunder gewesen sei, dass ihr Urahn an Gicht gelitten habe. »Goldoni hat auch auf unserem Jagdschloss Zemono, wenige Kilometer von Wippach entfernt, Marionettentheater gespielt und seine ersten Komödien aufgeführt«, erzählt die Contessa weiter.

Keine Frage, der Verlust des Besitzes nach dem Zweiten Weltkrieg hat geschmerzt, doch Carolina Lantieri blickt lieber in die Zukunft als in die Vergangenheit. Ihr Elan und ihre Verve lassen vermuten, dass der Lantieri-Mond und die Lantieri-Sterne noch in den nächsten tausend Jahren über Görz leuchten – unabhängig von profanen Besitzverhältnissen. Den Palazzo Lantieri hat sie zu einem Zentrum der Gegenwartskunst gemacht, in dem Ausstellungen stattfinden und Workshops abgehalten werden. Für besondere Anlässe kann man den Palazzo mieten.

Die Familie Lantieri ist die letzte der großen Görzer Adelsfamilien, die noch in ihrem Schloss wohnt. Die Strassoldos und die Attems haben Görz längst verlassen, die Coroninis sind ausgestorben. Bei den Lantieris deutet nichts auf dieses Schicksal hin. Die Contessa hat mit fünf Kindern für den Bestand der Familie gesorgt. Carolinas Großmutter Clementina Lantieri, die Hofdame der Kaiserin Sisi, war vor hundert Jahren die letzte aus der Dynastie der Lantieri di Paratico. Sie heiratete den deutschen Baron Karl von Levetzow. Auch die Levetzows haben eine jahrhundertealte Familiengeschichte. »Meine Ururgroßtante aus dieser Linie war Ulrike Levetzow, Goethes letzte Liebe«, erwähnt Carolina beiläufig.

Clementina Lantieri bekam mit kaiserlichem Dekret das Recht, den Namen Lantieri auch in der weiblichen Linie weiterzugeben und nannte sich nach ihrer Heirat Levetzow-Lantieri.

So blieb die »Marke« Lantieri erhalten. Und dieser fühlt sich die Contessa mit Herz und Seele verbunden … Noblesse oblige. Am Sterbebett musste Carolinas Vater seiner Mutter Clementina versprechen, seine Töchter im Geist der Lantieri-Frauen zu erziehen: makellos im Benehmen, rein und edel im Gemüt, tugendhaft und mutig. Kein Zweifel, aus Contessa Carolina di Levetzow-Lantieri ist eine echte Lantieri-Dame geworden, die die Geschichte des Hauses bewahren und fortsetzen wird. Obwohl sich die Erhaltung des Palazzos manchmal zum Albtraum entwickeln kann. »Zum Beispiel, wenn die Dächer saniert werden müssen.« Carolina seufzt. Doch schon im nächsten Augenblick lächelt sie wieder und verrät mit einem Blick auf die Rosen in der Küche, was ihr einst ihr Vater – sie war damals gute zwanzig Jahre alt – schrieb. Er hatte als junger Offizier Königin Margherita von Italien getroffen und einen ihrer Ratschläge ein Leben lang befolgt: »Pflücke die Rosen beherzt. Gott hat sie Dir gegeben, damit sich Dein Herz an ihnen erfreut und das Leuchten ihrer Farben und der Duft ihrer Blüten Deine Sinne erweitert. Lass Dich durch ihre Dornen nicht abschrecken. Die Freude, die Dir eine kleine Rose schenken kann, wiegt hunderttausend Stiche auf. Jeder kann sein Schicksal selbst in die Hand nehmen, aber viel zu oft greifen wir aus purer Feigheit nicht danach.« … Chapeau.

Gräfin Clementina Lantieri di Paratico, 1880

Carolina di Levetzow-Lantieri mit ihrem Gatten Graf Niccolò Piccolomini Clementini Adami Prinz von Siena Herzog von Amalfi und den Kindern Vita, Thassilo, Sophia, Diana und Irene im Jahr 2008.

Palazzo Lantieri, gartenseitig

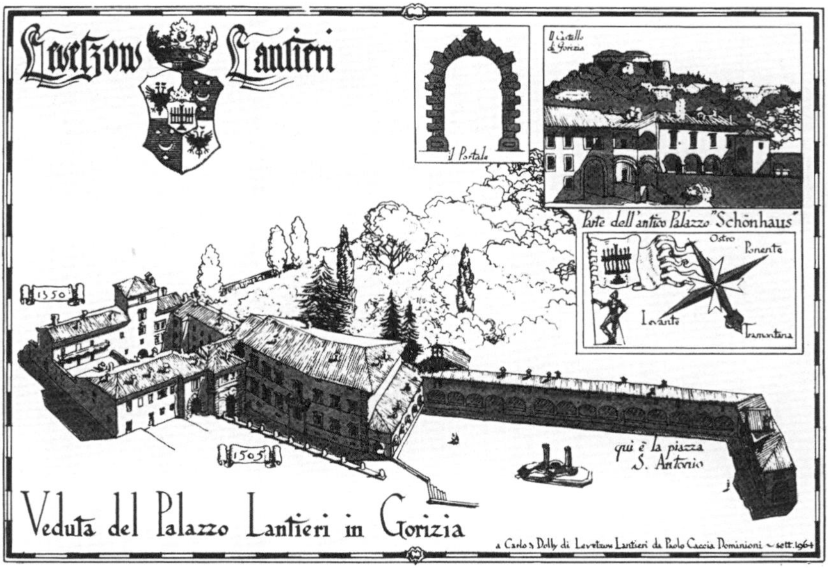

Palazzo Lantieri, Zeichnung von Architekt Paolo Caccia Dominioni, 1964

Die Lantieris und der Adel in Görz

Der Palazzo Lantieri befindet sich am Fuße der Görzer Burg auf der Piazza S. Antonio. Die Ursprünge des Hauses gehen bis in das 14. Jahrhundert zurück. Das Anwesen gehörte ursprünglich den Grafen von Görz. Antonio I. Lantieri aus Laibach kaufte das Haus im Jahr 1505 vom Leibarzt des letzten Grafen von Görz. Nach ersten Umbauten hatte der Palast im Jahr 1530 das Aussehen eines venezianischen Palazzos. Um 1600 wurde ein Flügel dazugebaut. Im Park des Palazzos befindet sich ein Garten mit Bourbonrosen, die vorwiegend in den Farben rot und rosa gehalten sind.

Besonders Carolina Lantieris Großeltern, Clementina Lantieri und ihrem Mann Hermann Levetzow, ist es zu verdanken, dass das Haus zu Beginn des 20. Jahrhunderts umfangreich renoviert wurde. In einem Gewölbe im alten Teil des Palazzos legte man im Zuge dieser Arbeiten Fresken frei, die die Türkenbelagerung Wiens im Jahr 1529 darstellen. Die Fresken sind Kaiser Karl V. gewidmet. Im neuen Flügel entdeckte man unter vielen Putzschichten ein gekacheltes Gewölbe aus dem 18. Jahrhundert. Die Kacheln tragen kryptische Zeichen, deren Bedeutung bis heute unklar ist. Man vermutet, dass es sich um alchemistische Symbole handelt.

Im Palazzo Lantieri waren im Laufe der Jahrhunderte viele berühmte Leute zu Gast. Dazu zählen Größen aus der Welt der Literatur und des Theaters wie Goethe, Schiller, Lorenzo Da Ponte, Carlo Goldoni und Petro Metastasio. Die Anwesenheit von Kant und Dante ist überliefert, aber nicht hundertprozentig gesichert. Papst Pius VI. übernachtete während einer Reise von Rom nach Wien im Palazzo, Napoleon nutzte ihn als Regierungssitz und Teile der Bourbonenfamilie lebten hier. Im 19. Jahrhundert kam Kaiserin Elisabeth von Österreich öfters zu Besuch.

Der Name Lantieri gehört zu den großen Namen der Geschichte Mitteleuropas. Die Lantieris hatten ein eigenes Kürassier-

Regiment, das in ganz Europa kämpfte. Sie waren Feudalherren mit umfangreichen Besitzungen, die im heutigen Slowenien lagen. Der Stammsitz der Lantieris war ursprünglich das Schloss Reifenberg (heute Branik). Auch im Barockschloss in Wippach (heute Vipava) hielt sich die Familie gerne auf. Nach dem Zweiten Weltkrieg wurde die Lantieris enteignet, soweit es ihre Ländereien im späteren Jugoslawien betraf.

Görz war in den vergangenen Jahrhunderten ein Verkehrsknoten. Die günstige Lage und das milde Klima trugen zur Entwicklung der Stadt bei und viele adelige Familien siedelten sich an. Carlo Goldoni sagte einmal, dass es in keiner anderen Provinz Italiens eine derartige Anhäufung von Adel gebe, wie in Görz. Abgesehen davon, dass Görz österreichisch war, hatte er vermutlich nicht unrecht. Immer wieder brachte Görz aus diesen Familien berühmte Männer und Frauen hervor, die auch am Hof in Wien reüssierten. Die bekanntesten Namen waren Lantieri, Coronini, Strassoldo und Attems. Aus einer Görzer Familie stammte auch der Architekt Nikolaus von Pacassi, der Baumeister von Schloss Schönbrunn und Hofarchitekt Maria Theresias.

Selbst an allerhöchster Stelle in Wien wusste man die Untertanen aus dem Küstenland zu schätzen. Am 7. August 1769 schrieb Kaiserin Maria Theresia an ihre Jugendfreundin Gräfin Rosalie von Edling: » (…) mit dem Lanthieri und Deinem Sohne bin ich wohl sehr gut zufrieden, auch mit dem Coronini (…)« Gemeint ist höchstwahrscheinlich Kaspar Lanthieri, ein anerkannter Literat und Dichter und Präsident der von Maria Theresia gegründeten Görzer Agrargesellschaft. Ein Zeitgenosse von Kaspar Lantieri war Rodolfo Coronini, der sich als Geschichtsschreiber auch am Wiener Hof einen Namen machte. Mitte des 19. Jahrhunderts verbrachte die Mutter von Kaiser Franz Joseph einen Winter in Görz und war vom milden Klima begeistert. Das »Nizza Österreichs« war geboren. Ein Mitglied der Coronini-Familie brachte es zum

Erzieher des späteren Kaiser Franz Joseph. Auch Erzherzog Ludwig Salvator, aus der Toskanalinie der Habsburger, weilte des öfteren in Görz. Und nicht zuletzt war Clementina Lantieri eine Hofdame von Kaiserin Sisi.

Die Familie di Lantieri-Levetzow ist die letzte Görzer Adelsfamilie, die noch in ihrem Palazzo lebt. Der Palazzo Strassoldo, ebenfalls auf der Piazza S. Antonio, ist schon längst ein Hotel, und im Palazzo Attems-Petzenstein sind seit Jahrzehnten die *Musei Provinciali* untergebracht. Der Coronini-Besitz ist zwar in seiner ursprünglichen Form erhalten und öffentlich zugänglich, aber ebenfalls ein Museum.

Palazzo Attems-Petzenstein, 1930er Jahre

Coronini (Grafenberg) Park

Piazza S. Antonio, Görz, 1930er Jahre

Unter Rosen, Mond und Sternen …

… kann man auch heutzutage übernachten. In drei hochherrschaftlichen Zimmern mit Blick in den Schlosspark betreut Contessa Carolina Lantieri ihre Gäste standesgemäß und entführt sie höchstpersönlich in die Welt des alten Görz. In der *foresteria,* dem Gästehaus, ist ein Apartment untergebracht. Das Kleinod in der Piazza S. Antonio Nr. 6 ist schwer zu finden.

Doch die Contessa ist überzeugt: »Nach den wirklich schönen Dingen im Leben soll man ruhig ein bisschen suchen müssen.«

Rosengärten …

… gibt es in Görz nicht nur im Palazzo Lantieri. In Castagnavizza, dem Franziskanerkloster in der Nähe der Piazza Transalpina, befindet sich die Bourbonengruft. Dort sind die letzten Könige Frankreichs begraben. An der Südseite des Klosters haben die Mönche zu Ehren der Monarchen einen Rosengarten mit Bourbonrosen angelegt.

Diese gehören zur Gruppe der alten oder historischen Rosen, unter diesem Begriff werden die am längsten kultivierten Gartenrosen zusammengefasst. Die Bourbonrosen duften stark und haben große, gefüllte Blüten. Namensgebend war nicht das Geschlecht der Bourbonen, sondern ihre Herkunft von der Île Bourbon (heute Insel La Réunion).

Ein Besuch ist vor allem im Mai während des Rosenfestes zu empfehlen. Dann steht der Garten in Blüte und das Kloster ist mit Leben erfüllt. Die Aussicht auf Görz, das von dort oben mediterran wirkt, ist sehr schön, und der Blick auf den Transalpina-Bahnhof und die Gebirgskulisse dahinter lassen ahnen, wie mühsam sich die Bahn ihren Weg durch das Isonzotal nach Norden erzwang.

Blick von Castagnavizza auf die Stadt, 1920er Jahre

Kloster Castagnavizza, 1910

Rosental …

… nannte man in der Monarchie die Landschaft östlich von Görz. Durch dieses Tal führte die alte Postkutschenroute nach Laibach und weiter nach Wien. Neben Schlössern und Ländereien ging der Familie Levetzow-Lantieri auch eine Idylle verloren. Der Volkskundler Anton Chaurand Graf von Mailly (geboren 1874 in Görz, gestorben 1950 in Wien) erinnert sich in seinen Lebensnotizen an die Sommer seiner Kindheit: »Schön war's im Rosental, wunderschön! Auf den Hügeln lachten herrliche Obstgärten und Rebengelände, umsäumt von alten Wäldern. Unten im Tal breiteten sich bunte Wiesen aus, große Prärien, die zur Zeit der Mahd von Sensen und Sicheln durchsaust wurden. Und mitten durch ein liebliches Wiesental floss ein Bächlein. (…) Auf einem der schönsten Hügel des Rosentals verbrachten wir Kinder einige Jahre unsere Ferien. Am Samstag war Kirchgang. Mit Mutter gingen wir den kleinen Berg bis zur Poststraße, wo das Mauthäuschen stand. Schräg gegenüber war die Sommerresidenz einer alten Gräfin. Wir durchschritten eine alte Pappelallee und erreichten als erste die alte Schlosskapelle, umgeben von herrlichen alten Zypressen und Lebensbäumen. (…) Ich glaube noch heute das silberne Glöcklein, das in dem offenen steinernen Türmchen an der Stirnseite der Kapelle hing, laut zu hören. (…) Nach dem dritten Glockengeläut erschien die alte Gräfin aus dem Schlosse und schritt bedächtig langsam wie eine Serenissima aus dem 16. Jahrhundert als erste in die Kapelle. Wir grüßten sie devot und sie nickte gönnerhaft ihr Köpfchen mit dem Haubenhütchen.«

Nach Hause, in das wenige Kilometer entfernte Görz, in das Stadtviertel Piazzutta, fuhr Anton von Mailly wohl mit der Kutsche. Denn in seinen Aufzeichnungen hält er fest: »Die alte Postkutsche! Zu meinen Zeiten fuhr man noch auf dieser Straße mit dem Postwagen hinaus in die Welt. Man fuhr nicht allzu weit, aber in der Vorstellungswelt eines Kindes war es immerhin hübsch weit, zumal man uns sagte, dass man auf diesem Wege sogar bis nach

Wien fahren konnte. Als die Eisenbahn gebaut wurde, blieb der Postwagenverkehr bis nach Haidenschaft erhalten, eine Reise, die man mit der Post in wenigen Stunden zurücklegen konnte.«

An Schlössern, Burgen und Herrenhäusern …

… mangelt es dem Wippachtal nicht. Drei davon gehörten bis zum Ende des Zweiten Weltkrieges der Familie Lantieri. Die Burg Grad Branik (ital.: Castello Rifimbergo, deutsch: Schloss Reifenberg) wacht oberhalb der Ortschaft Branik über einen Seitenarm des Wippachtals. Die Festung römischen Ursprungs wurde im Jahr 1528 von den Lantieris gekauft. Die mittelalterliche Anlage ist nicht öffentlich zugänglich, aber ihre Lage und ihr Anblick beeindrucken auch so. Von der Straße Richtung Komen zweigt ein unbeschilderter Zufahrtsweg ab, der bis zum verriegelten Burgtor führt. Eisenbahnfans werden sich über gute Ausblicke auf die Karstbahn freuen, deren Anstieg auf das Karstplateau hier, in diesem malerischen Winkel des Wippachtals, beginnt.

Auf dem Hauptplatz von Vipava steht ein weiteres ehemaliges Lantieri-Schloss. Der vordere Trakt des barocken Gebäudes ist tadellos renoviert. Unmittelbar dahinter fließt die Vipava. Eine Steinbrücke führt in einen Hof mit verfallenen Gebäuden und einer tausendjährigen Linde: das Reich der Katzen. Ein paar Schritte weiter öffnet sich eine Wasserwelt mit einem Teich, einer Brücke und einem Wehr: das Reich der Enten. Die Worte der Contessa im Ohr, taucht man ins Reich der Fantasie ein: Da soupieren illustre Herren, dort flanieren Damen die Brücke auf und ab … und hinter der Linde versteckt steht Carlo Goldoni und hält, mit Griffel und Heft in der Hand, seine Eindrücke fest.

Wenig Kilometer vom Zentrum Vipavas entfernt liegt das kleine Renaissanceschloss Zemono. Es diente den Lantieris als Jagdsitz. Heute beherbergt es ein Restaurant, in dem – glaubt man dem Gault Millau – einer der innovativsten Köche Sloweniens werkt. Die Aussicht vom Hügel über das Tal bekommt jedenfalls vier Hauben.

La Rosa di Gorizia …

… ist keine Blume, sondern bezeichnet als geschützter Markenname eine Radicchioart. Die Pflanze wird seit rund zweihundert Jahren im Raum Görz kultiviert. 1873 beschreibt Carl von Czoernig in seinem Werk »Görz – Das Nizza Österreichs« den Anbau von *cicoria rossastra* und meint damit zweifellos die Görzer Rose. Der Salat ist von November bis März erhältlich und die Produzenten machen aus den Anbaumethoden Familiengeheimnisse. Auberginefarbene Blätter schützen die roten Herzen vor dem Frost. Nur sie werden verkauft. Zur Erntezeit werden die Pflanzen samt der Pfahlwurzel ausgegraben und gebündelt. Auf den ersten Blick glaubt man einen Rosenstrauß vor sich zu haben. Die Bündel werden fünfzehn Tage unter Stroh im Dunkeln gelagert. Dann erst ist die Rose reif. Das Ergebnis: ein exquisiter Geschmack mit feinherber Note.

Die Rose …

... ist das Wahrzeichen des slowenischen Teils von Görz und findet sich auch im Stadtwappen: eine Reminiszenz an alte Zeiten, als man die Märkte Wiens mit Rosen aus Görz belieferte.

Ponteacco
Biacis
Sorento
Cosizz
Torreano
S.Pietro al Natisone
Glenia
Gravero
Prestenta
Azzida
Merso
374
Vernosso
Merso
S.Leonardo
Cividale del Friuli
Purgessimo
Jaimich
Bottenicco
Carraria
655
Cigale
Bualis
Natisone
Zapo
Gagliano
Firmano
Senico
812
Colobrido
Ipplis
Vercoglia
Mernico
Plava
Prepotto
Azzano
Cosbana
Dolegna
Pertesi
Leproso
Craoretto
Olcis
Verhovlije
Carso
Vedrignano
Nebola
St.Martin
Corno di Bassaz
Bigliana
Ruttars
Cosana
Medana
Dolegnano
St.Flor
Novali
Brazzana
Cerau
Valerseg
Mt. Quarin
269
Spessa
Russitz
Cormons (Karmin)
Mossa
Podgor
Capriva
Moraro
Borgnano
Lucinico
Langoris
S.Lorenzo d. Mossa
Medea
Corona
Mariano
Villanova
Fratta
Savogna

Cormons

Kaiserschmarren und Cuguluf

Langsam beginnt sich die Via Matteotti zu leeren, der Freitagsmarkt ums Eck hat gerade seine Stände geschlossen, die südliche Siesta ist auch in Cormons heilig. Salat und Schnäppchen warten darauf, nach Hause gebracht und versorgt zu werden. Zwei Klosterschwestern in weiß-grauer Tracht eilen zurück in den Konvent. Nur auf Nummer 14 kommt die allgemeine Bewegung vor einer Auslage ins Stocken. Zwei Damen im fortgeschrittenen Alter sind sich einig: Was soll der Schmarren?

Im Schaufenster hat sich der Kaiser breitgemacht. Die Replik eines historischen Plakats erinnert in habsburgischem Schwarz-Gelb an den 24. September 1899. An diesem Tag ließ die *Società Cormonese Austria,* eine Gesellschaft kaisertreuer Untertanen, ihre Fahne weihen. Anlass genug für ein pompöses Stadtfest. Unter Doppeladler und Stadtwappen prangt in fetten Lettern das historische Zitat des Barons Locatelli: »Österreicher sind wir, und Österreicher wollen wir bleiben!«

»Wahrscheinlich handelt es sich um eines dieser sinnlosen EU-Projekte, Vergangenheitsbewältigung oder so«, sinniert die rüstigere der beiden Damen, während sie ihr Fahrrad mühsam im Gleichgewicht hält. Mangold, ein Regenschirm und die riesige Wassermelone erfordern höchste Konzentration.

»Mein Großvater war tatsächlich noch Österreicher.« Die Ältere zeigt plötzlich Verständnis, kurz ist ein Lächeln in ihrem Gesicht, das wohl dem Großvater gilt, denn mit einem strengen Blick auf den Doppeladler fährt sie fort: »Ich kann die Kaiserschrullen nicht mehr hören, mit meinem Namen bin ich ohnehin mehr als gestraft: *Francesca Giuseppina.* Das war damals die Idee des *non-*

no. Der wurde nie müde, vom Kaiser zu erzählen, vor allem nicht von Cecco Beppes Besuch in Cormons. Cecco Beppe, so nannte der Großvater den Kaiser in seinen Erzählungen. Der Großvater war damals erst sechs, aber dieser Tag blieb ihm sein Leben lang gegenwärtig. Wahrscheinlich um selbst alles bis ins kleinste Detail in Erinnerung zu behalten, hat er uns Kindern die Ankunft Franz Josephs sicher mehr als hundert Mal erzählt.«

Im Laufe dieser *Allerhöchsten Reise* machte seine k.u.k. Apostolische Majestät Franz Joseph I. am 5. April 1875 in Cormons Station. Das versetzte den Ort in *Allerhöchste Aufregung.* Die Stadtgranden, der Klerus, der Kinderchor, alle hatten sich am Bahnhof versammelt. Blumenschmuck und Girlanden erdrückten das Stationsgebäude, die schwarzgelben Fahnen wehten an diesem Morgen patriotisch wie nie, wenn auch noch etwas müde, im Wind. Cormons war hellwach und gelähmt zugleich. Seit 6 Uhr 30 warteten die Schulkinder von Stadt und Land in Reih und Glied aufgefädelt auf die Ankunft des Kaisers. »Mein Großvater war eines dieser Kinder, und es hat ihn so beeindruckt, dass lange Jahre das Porträt Franz Josephs in unserer Küche hing. Bis es der Vater durch ein Bild des Duce ersetzte.« Schweigen … Dann doch lieber die Kaisergeschichte.

Die Kinder standen also am Fuß der eigens errichteten Tribüne, auf der die Noblesse der Stadt ehrfürchtig in Respekt erstarrt war. Es schien, als posiere man in Sonntagsanzügen und edlen Roben für ein Gemälde. Auch der Rest der Stadt hatte sich ordentlich herausgeputzt, hatte sich mit den Vorbereitungen für den hohen Besuch die *Allergrößte Mühe* gegeben. Kurzum, man war sich der besonderen Lage der Stadt wohl bewusst. Cormons lag gerade noch auf habsburgischem Boden. Man gehörte somit zu denen, die das Glück begünstigt hatte und die sich stolz Österreicher nennen durften. Diesen Umstand dankte man dem Kaiserhaus mit *Allererdenklicher Loyalität.* Cormons war der letzte Ort vor der Grenze zu Italien, drei Kilometer weiter westlich würde der Zug den Fluss Judrio überqueren und Franz Joseph die Heimat verlassen, um weiter ins Ausland, nach Venedig, zu fahren.

Am zweiten April war der Kaiser in Wien zu seiner Reise in das Küstenland aufgebrochen. Nun kam er aus Görz. Um 7 Uhr 15 war es soweit. Ein devotes Gemurmel erhob sich und schwoll schnell zum Jubel an, als die Lokomotive in Cormons einfuhr. Der Kaiser stand bereits auf dem Trittbrett, winkte und nickte huldvoll um sich. Alle waren wie wachgerüttelt, selbst jene, die angesichts der frühen Morgenstunde eben noch vor sich hingedämmert hatten. Nun gab es kein Halten mehr. Die Stadtkapelle spielte die Kaiserhymne und die Morgenbrise mahnte die Fahnen zu mehr Begeisterung. Dem Befehl folgend zeigte die Stadt von den Ruinen des Kastells bis hinunter ins Zentrum schwarz-gelbe Flagge. Wortgewandt parlierte Franz Joseph abwechselnd auf Deutsch und Italienisch mit den Honoratioren der Stadt. Artig knickste das fünfjährige Töchterchen des Barons Locatelli und machte sich seinerseits mit einem Kinderlächeln verständlich, ehe es dem Kaiser einen rot-weißen Kamelienstrauß, fast größer als es selbst, überreichte. Der fand das schön und hat sich sehr gefreut. Ein letztes »Gott erhalte«, zum neunzehnten Mal seit sich Franz Joseph in Wien in den Zug gesetzt hatte, dann rollte der Tross aus der Station. In *Allerhöchster Eile,* denn mehr als acht Minuten sah das Protokoll für den Stopp in Cormons nicht vor.

»Allerhöchste Zeit, dass dieser Unfug vorbei ist. Welch ein Aufwand für acht Minuten. Was das die Stadt gekostet haben muss, unglaublich!« Energisch stampft Giuseppina mit dem Stock auf den Gehsteig. Doch ein Blick in das Schaufenster der Neomonarchisten verwandelt ihre Empörung in Nachdenklichkeit. »Im Grunde ändert sich wenig. Egal, ob Faschisten, Kommunisten oder jetzt offensichtlich die Monarchisten, alles ist irgendwann wieder modern.« Giuseppina kichert und meint pragmatisch: »Etwas Gutes hat die Sache schon. Der *Cuguluf* im *Giardinetto* schmeckt wie zu Cecco Beppes Zeiten einfach köstlich.« Sie rückt ihren Ein-

kauf auf dem Rad zurecht und zieht los. Schon sitzt sie auf ihrem Stammplatz in besagter Konditorei. Die Kellnerin bringt ihr den obligaten *cafè* – mit einem Stück Kuchen … *allerfeinster* Gugelhupf, was sonst. Wirklich *allerhand.*

Schülerspalier anlässlich des Besuches von Franz Joseph I. im Jahr 1900

Cormons

Kirchgang in Cormons

Cormons, Stadt an der Grenze

Die Geschichte der Stadt Cormons ist eng mit der des österreichischen Kaiserhauses verbunden. Als im Jahr 1500 das Geschlecht der Grafen von Görz ausstarb, fiel die Region durch einen Erbvertrag an Maximilian I. von Habsburg. Mit wenigen Unterbrechungen, einer Besetzung durch Venedig und der Okkupation durch Napoleon, gehörten das Collio und dessen Zentrum Cormons bis zum Ersten Weltkrieg zum österreichischen Kronland »Küstenland«. Die Grenze zu Venedig verlief im 18. Jahrhundert zwischen zwei Hügeln, dem Monte Quarin, dem Hausberg der Stadt Cormons, und dem Monte San Giorgio, der Erhebung hinter der Ortschaft Brazzano. Noch heute findet man im Wäldchen zwischen Monte San Giorgio und Monte Quarin einen Grenzstein aus dieser Zeit, der die Buchstaben A für Austria und V für Venedig trägt. Ab 1866 bildete der Judrio, ein kleiner Fluss drei Kilometer westlich von Cormons, die Grenze zu Italien. Von der ehemaligen Holzbrücke und den Zollhäusern sind nur noch Fragmente vorhanden. Kontrolliert wurde streng, denn die Schmuggler trieben es bunt. Die Zöllner spannten Schnüre im Wald und bestückten sie mit Glöckchen, in der Hoffnung, dass die Schmuggler in der Finsternis darüber stolpern würden.

Die Cormoneser zeichneten sich durch eine besondere Kaisertreue aus, was wohl auf die Lage an der Grenze zurückzuführen war. Wenn auch der Adel und die Feudalherren der Zeit entsprechend auf Kosten der einfachen Leute lebten und reich wurden, so verdiente ein Taglöhner im habsburgischen Österreich immerhin das Doppelte seines italienischen Kollegen westlich des Judrio. Grundsätzlich schätzte man die österreichische Ordnung, deren Spuren noch heute zu finden sind. Nur in den Gemeinden östlich des Judrio hinunter bis Triest gab es das von Maria Theresia ins Leben gerufene Grundbuch – eine Einrichtung, der man bis in unsere Zeit treu geblieben ist.

Am 24. Mai 1915 überquerten italienische Truppen den Judrio, Cormons wurde italienisch, wodurch sich die Herkunft des Straßennamens Via/Piazza XXIV Maggio erklärt. Die Hälfte der Bevölkerung fühlte sich im Geiste der Italianità befreit, die andere Hälfte jubelte 1917 Kaiser Karl von Habsburg zu, als das Land für kurze Zeit zurück an Österreich fiel.

Für die Bewohner des Collios folgten schwere Zeiten. In den Küchen wechselten die Porträts der Herrscher in rascher Folge. Im Jahr 1900 prangte dort noch das Bild von Kaiser Franz Joseph I., 1915 das von Vittorio Emmanuele III., König von Italien. 1917 wurde es gegen das von Kaiser Karl von Österreich ausgetauscht, 1918 eroberte sich Vittorio Emmanuele erneut den Platz zurück. In den Zwanzigerjahren musste er Mussolini weichen, 1943 wurde Mussolini von Hitler verdrängt. Im Mai 1945 blickte für vierzig Tage Marschall Tito streng in den Kochtopf. Bis 1947 hing ein Konterfei von Theodor Roosevelt an der Wand, dessen Bild schlussendlich durch das von Enrico De Nicola, dem ersten Präsidenten der Republik Italien, ersetzt wurde. Neun verschiedene Herrscherporträts in fünfzig Jahren!

1947 war für das Collio insofern ein Schicksalsjahr, als die Grenze zwischen Jugoslawien und Italien festgelegt wurde – brutal durch Weingärten, Höfe und Felder. Nach tausend Jahren fand sich das Collio plötzlich auf zwei Staaten aufgeteilt wieder, und man begann, von der slowenischen Brda und dem italienischen Collio zu sprechen. Das Collio war im Lauf der Geschichte zwar stets ein Land an der Grenze, aber immer ein Gebiet ohne Grenzen gewesen, nun zerfiel es in zwei Hälften.

Erst seit dem Beitritt Sloweniens zur Europäischen Union wachsen Collio und Brda wieder zu einem Ganzen zusammen. Das Glas Wein bezahlt man da wie dort mit derselben Währung. Alte Straßen, Gässchen und Wege sind nicht mehr durch Grenzbalken getrennt. In Slowenien wie in Italien, nördlich und südlich des Monte Quarin, pflegen die Menschen ihre Weingärten mit derselben Liebe und fühlen sich derselben Kultur, denselben Traditionen verpflichtet. Wie zu Kaisers Zeiten bilden Collio und Brda unter dem Schirm der Europäischen Union wieder eine Einheit, ein Unikum vor der Haustüre Österreichs. Oder wie es der bekannte Krimiautor Veit Heinichen scherzhaft formuliert: Die EU ist wohl das Ergebnis einer österreichischen Verschwörung, um all das, was 1918 verloren gegangen ist, wieder zurückzubekommen.

Österreichisch-italienische Grenze

Einst in Cormons

Cormons 1903 – Einweihung des Denkmals für Maximilian I.

Wo (Mittel-)Europa zu Hause ist

Den Geschmack Mitteleuropas …

… findet man in der Konditorei *Al Giardinetto* in der Via Cancelleria Vecchia 2. Der Begriff »Mitteleuropa« ist in Cormons und Umgebung allgemein ein dezentes Synonym für k.u.k. Nostalgie. Die Kekse heißen *Kaiserini*, die Krapfen sind vorzüglich und die Cremeschnitten und der Gugelhupf fantastisch. Natürlich versteht man sich im *Al Giardinetto* ebenso meisterhaft auf die Zubereitung einer *torta di mandorle* und anderer italienischer Süßigkeiten.

Das Mittelfest …

… findet alljährlich im Juli in Cividale statt. Die Stadt verwandelt sich zur Bühne, das Programm schmückt sich mit Beiträgen aus aller Herren Länder. Das Fest ist eine Institution und hat als solche einen Internetauftritt: www.mittelfest.org

Die Società Cormonese Austria …

… wurde im Jahr 1899 von Baron Locatelli gegründet. Ähnlich der *Società Triest-Austria* war sie eine der lokalpatriotischen Gesellschaften, deren Zweck und Ziel die Förderung eines friedlichen, multikulturellen Zusammenlebens der Völker der Monarchie darstellte. Als die Fahne der Gesellschaft im Rahmen einer Messe im Dom von Cormons geweiht wurde, kamen die Mitglieder der *Società Triest-Austria* mit einem Sonderzug aus Triest. Kaiser und Papst schickten Glückwunschtelegramme. Bereits zwei Jahre nach Gründung der Gesellschaft zählte man sechshundert Mitglieder. Die Spuren der *Società Cormonese Austria* verlieren sich im Jahr 1915 in den Wirren des Ersten Weltkrieges.

Am 28. Jänner 2008 wurde die *Società Cormonese Austria* als moderne, europaorientierte Gesellschaft wiedergegründet. Interessierte finden in der Via Matteotti Nr. 14 ein Schaufenster mit weiterführenden Informationen. Erklärtes Ziel ist der Kulturaustausch zwischen den Volksgruppen der ehemaligen Monarchie. Gemeinsam gestalten Italiener, Slowenen und Österreicher ein abwechslungsreiches Programm. Das ist Europa!

Fahnenweihe – Società Cormonese Austria, 1899

Valle
691
Tarcetta
634
Ponteacco
Sorento
Biacis
Torreano
S.Pietro
al Natisone
Glenia
Prestenta
Azzida
Merso
374
Vernosso
Merso
S.Leonardo
Rubignacco
Cividale
del Friuli
Purgessimo
Jainich
Bottenicco
Carraria
655
Cigale
Paualis
Gaglians
Natisone
Firmano
Senico
812
Colobrido
Ipplis
Vercoglia
Mernico
Prepotto
Azzano
Cosbana
Lenroso
Dolegna
Craoretto
Verhovlije
Olcis
Carso
Vedrignano
Nebola
St.Martin
Corno
di Bassaz
Bigliana
Ruttars
Cosana
Medana
Dolegnano
Novali
Brazzano
Vipulzano
Ceraus
Mt.Quarin
Bolzano
Giassico
269
Valerisce
Spessa
Russitz
Cormons
Mossa
Capriva
Moraro
Borgnano
Lucinico
Langoris
S.Lorenzo d.Mossa
Medea
Corona

Brda

Oliven, Rebula und das Schwein in uns

Vieles erinnert an zu Hause in Österreich. Die Brda-Hügel sind hier um Gradno steiler und dichter bewachsen als ein paar Kilometer weiter südlich. Eichen und weiß blühende Akazien säumen die Straßen, Zypressen gibt es nur auf dem Friedhof. Auf dem Hügel oberhalb des Ortes thront ein Maibaum und Bruno Podveršič ginge recht gut als österreichischer Bauer durch. Auch sein Haus, das die Familie im Laufe der letzten hundertdreißig Jahre mit viel Rücksicht auf die Umgebung zu einer Art bäuerlichem Castello ausgebaut hat, könnte irgendwo im Mühlviertel stehen: Wände aus Naturstein mit breiten, weiß verputzten Fugen, Bauernstube und Herrgottswinkel inklusive.

Die Erinnerung an zu Hause schwindet, sobald Bruno zu erzählen beginnt. Obwohl er ja nicht mehr viel zu sagen habe. Mit seinen dreiundachtzig Jahren sei seine Zukunft beschränkt und er schon eher am Ende der Wurst angekommen. Schön und gut, aber da steckt doch sicher noch so manches in diesem letzten Zipfel seines Lebens?

Ja, das stimme schon, erzählen könne er tatsächlich viel. Bescheiden überspringt Bruno das, was mit ihm selbst zu tun hat. Man erfährt es ohnehin von den anderen Dorfbewohnern. Bruno beginnt sein Tagwerk täglich um fünf Uhr Früh mit einem halbstündigen Studium lateinischer und altgriechischer Texte. Irgendwie muss man sich ja geistig fit halten. Für die körperliche Fitness sorgt die Arbeit in den Olivenhainen und Weingärten. Das Resultat ist in Anbetracht von Brunos Alter beachtlich. Ohne Mühe läuft er den Waldweg bergauf und bleibt erst stehen, als sich die Eichen lichten und vor ihm das Gelände steil abfällt. Bruno steht auf der Anhöhe, am oberen Rand eines natürlichen Amphitheaters aus Fels und terrassierten Weingärten.

Hier gibt die Natur ihre Vorstellung, je nach Jahreszeit vor unterschiedlich bunten Kulissen. Hier öffnet sich der Blick und man erkennt trotz eng gestapelter Hügel die Weite des Landes. Von hier hat man die beste Aussicht auf Gradno. Einer Insel gleich liegt der Weiler auf einer Erhebung im grünen Wellental. Die Spitze des Kirchturms sendet funkelnde Signale in den Morgenhimmel, die tägliche Verbindung nach oben wird aufgenommen. Die Verbindung zum Rest der Welt, zur übrigen Brda, hält eine schmale Zufahrtsstraße, von einer übermannshohen Mauer gesäumt. »Unsere Trockenmauern dienen nicht wie im Karst der Grenzziehung oder als Erosionsschutz, sondern der Befestigung, um ebenes Gelände für den Weinbau zu schaffen. In der gesamten Brda verleihen sie den Hügeln die charakteristische Struktur.« Brunos Blick gleitet die Terrassen entlang und senkt sich Weinzeile um Weinzeile talwärts. Er liest förmlich in der Landschaft und das auch zwischen den Zeilen. Bruno ist einer, der den winzigen Blüten des wilden Thymians in den Mauerritzen nicht weniger Aufmerksamkeit schenkt als dem Gesamtbild der Szenerie, das in waagrechten Linien und in allen erdenklichen Grünschattierungen in die Hügel gezeichnet ist. Zufrieden schaut Bruno schließlich auf die um die Kirche gewürfelten Häuser. »Die Kirche ist dem Heiligen Georg geweiht. Am Namenstag des Dorfpatrons, am 24. April, gibt es hier die ersten reifen Kirschen der Brda, die ersten Früchte des Südens.« Bruno schmunzelt. Er ist überzeugt, dass die Bezeichnung »Südfrüchte« aus der Kaiserzeit stammt, aus einer Zeit, als die südlichste Provinz Küstenland das restliche Imperium mit frischen Früchten versorgte.

Wahrscheinlich hat er recht. »Unsere Wurzeln liegen in der Ausrichtung nach Norden, im Export von Feigen, Kirschen, Trockenfrüchten und Oliven nach Wien und in die nördlichen Teile der Monarchie. Unsere Zukunft liegt im Norden, in den alten Absatzgebieten, die seit dem Fall des Kommunismus und der Öffnung der Grenzen nun wieder für uns zugänglich sind.«

Schön, dass Bruno nun doch weit über das Ende der Wurst in die Zukunft blickt. Eine Zukunft, die für Bruno schon vor dreißig Jahren begonnen hat. Damals hat er als einer der Ersten in der Brda wieder Olivenbäume gepflanzt. Oliven, Feigen, Wein und Getreide, so steht es schon in der Bibel, sind die Grundlage des Lebens. Oliven und deren Geschichte zählen dabei offensichtlich zu Brunos persönlichen Favoriten. Die Olivenkultur hat in der Brda eine sehr lange Tradition. Schon die Römer schätzten die Kombination aus mediterranem Klima und kalter Luft, wie sie hier aus den Alpen strömt. Das macht das Olivenöl aus der Brda so besonders würzig. Da man stets in kleinen Mengen und nur für den häuslichen Bedarf produzierte, wurde daraus kein Exportartikel. In den Jahren 1860 bis 1870 setzte die Industrialisierung ein und sie machte auch vor dem Küstenland nicht halt. In Cormons und in Görz entstanden Spinnereien, für die Aufzucht der Seidenkokons pflanzte man Maulbeerbäume. Die alten Olivenkulturen mussten den *gelsi,* den Maulbeerbäumen, weichen. Das endgültige Aus für die Oliven brachte der starke Frost im Winter des Jahres 1929. Überall im Küstenland starben die Bäume, Neupflanzungen fanden nicht statt – genauer gesagt: erst fünfzig Jahre später. 1978 setzte Bruno seine ersten Bäume. »Heute produziert meine Familie dreihundert Liter Öl im Jahr, wir sind in unserer Entwicklung im Vergleich zu den Anbaugebieten Italiens oder Istriens in der zweiten Klasse Volksschule.« Bruno lacht, denn eines weiß er genau: Wenn seine Urenkel mit ihrem Olivenöl einst die Matura ablegen werden, wird man respektvoll an ihn und an seinen Olivenkindergarten denken.

Der Rundgang um und durch das Bruno'sche Anwesen ist beendet. Olivenöl gibt es leider keines mehr. Alles ausverkauft. Dass Bruno beste Qualität produziert, hat sich herumgesprochen. Als Entschädigung dafür stellt Bruno gebackene Akazienblüten und eine Flasche Rebula auf den Tisch vor dem Haus – in der Doppelliterflasche, also doch fast wieder wie daheim, irgendwo und sehr lange her. Das viele Erzählen hat durstig gemacht. Ein Schlückchen Wein könne man sich daher selbst am Vormittag um zehn Uhr gönnen. Neben dem Olivenöl ist der Rebula Brunos zweites Liebkind. »Der Rebula hat in der Brda eine ähnlich lange Tradition wie die Olive!« Bruno schnuppert zufrieden am Glas, um es dann prüfend gegen das Licht zu halten. Strohgelb muss ein Rebula sein. Im 14. Jahrhundert berichteten die ersten Chroniken über diese autochthone Sorte. Wobei man nie genau wusste, ob die Traube oder die Art der Weinzubereitung gemeint war. Mit Rebula bezeichnete man allgemein den jungen, noch nicht ausgegorenen Wein, den man in offenen Fässern nach Kärnten und weiter nach Norden brachte. Bereits zum Martinifest im November war früher der gesamte Wein verkauft und der Keller leer. Gedankenverloren blättert Bruno in einem Büchlein. In vornehmen Goldlettern verrät der Titel den Inhalt: *Collio/Brda.* Auch Bruno hat mit einem Beitrag über die Pfarrkirche von Gradno das Seine zum Gelingen beigetragen. Was er damals über die Fresken Lojze Spacals und den Kreuzwegzyklus von Zoran Mušič geschrieben hat, interessiert ihn aber heute nicht. Stattdessen sucht er die Zeilen des Gesandten Paolo Santonino, der im Auftrag des Patriarchen von Aquileia die Lande bereiste, um die Kirchenschäfchen nebst deren Küchen und Keller zu kontrollieren. Im Jahr 1485 bemerkte er, dass in Kärnten nach dem Essen stets ein guter Schluck Rebula gereicht wurde – damit die Verdauung besser und schneller arbeite. »Reste der einstigen Rebula-Tradition finden sich bis heute in einem Allerheiligenbrauch«, erklärt Bruno. Am 1. November trinkt man in der Brda und im Collio eine Art Sturm. Dazu isst man über dem Kaminfeuer gebratene Maroni. *Ribolla & castagne* heißt das Stichwort, mit dem in der Brda, aber auch in den kleinen Bars in Cormons am 1. November, um Gäste geworben wird. Zumindest im Collio sind die verfügbaren Ribolla-Mengen – und nun ist die Traube gemeint – beschränkt. Und so behilft man sich mit Ribolla – in diesem Fall

Sturm – aus Tokaj-Trauben. Höchst verwirrend … »Höchst heiter dagegen der neue Name für den Tokaj hier bei uns in Slowenien«, sagt Bruno. Bekanntlich haben die Ungarn im Rahmen ihres Beitritts zur EU auf Schutz des Namens Tokaj geklagt und Recht bekommen. Weder im Collio noch in der Brda darf neuerdings der Name Tokaj verwendet werden. »Wir Slowenen nennen unseren Tokaj nun Sauvignonasse.« Bruno grinst. »Besser aber, man bestellt weiter einen Tokaj. Denn ein schlampig ausgesprochenes Sauvignonasse, klingt wie *Svinjo v nas* – und das bedeutet so viel wie: Das Schwein in uns.«

Gradno

Die Ribolla gialla Rebe (Rebula) ist eine Hügelbewohnerin, das heißt, sie fühlt sich ab einer Seehöhe von hundert Metern am wohlsten. Das erklärt, warum die Anbaumengen im flacheren Collio nur rund drei Prozent ausmachen, während in der höher gelegenen Brda immerhin fünfundzwanzig Prozent der Gesamtproduktion auf Rebula entfällt. Der Rebula ist die älteste autochthone Weißweinsorte in Collio/Brda, davon zeugt die erste urkundliche Erwähnung im 14. Jahrhundert. Mit Kaufvertrag vom 27. Mai 1336 wechselte in der Gegend um Gradno ein Weingarten, der jährlich sechs Fässer Rebula Ertrag abwarf, seinen Besitzer.

Um die Herkunft des Namens Tocai (slowenisch Tokaj) ranken sich diverse Legenden. 1632 ehelichte die Görzer Adelige Aurora Formentini den Grafen Johannes Batthyany. Seine Familie hatte in Ungarn exakt dort Besitzungen, wo heute das Hauptanbaugebiet des ungarischen Tokajers liegt. Im Gefolge der Braut brachten Görzer Weinbauern die Tocai-Rebe nach Ungarn.

Die ungarische Gegendarstellung im Markenschutzverfahren in Brüssel scheint überzeugender gewesen zu sein. Denn seit dem Jahrgang 2008 darf der Name Tocai weder im Collio noch in der Brda verwendet werden, sobald der Wein in das Ausland exportiert wird. Im italienischen Collio nennt man den Tocai daher offiziell Friulano, in der slowenischen Brda heißt der Tokai nun Sauvignonasse.

Interessant ist auch die Geschichte anderer autochthoner Sorten des ehemaligen Küstenlandes. Die Glera-Traube wurde im Jahr 1830 aus dem Karstdorf Prosecco nahe Triest in das heutige Prosecco-Anbaugebiet um Valdobbiadene (Veneto) gebracht. Dort begann der Siegeszug des Schaumweines, nur Prosecco aus besagter DOC-Zone im Veneto darf sich Prosecco nennen. Besser gesagt durfte. Man hat aus dem Streit um den Tocai gelernt. Um den Namen Prosecco unantastbar gegen EU-Begehrlichkeiten zu machen, wurde das Prosecco DOC-Gebiet kürzlich bis in das Friaul erweitert. Es schließt nun den Ursprungsort der Traube, nämlich das Dorf Prosecco im Karst, mit ein. Lokalpolitiker der Provinz Triest nutzten die Diskussionen um die Prosecco-Frage geschickt und verhandelten einen besonderen Vorteil aus. »Prosecco di Prosecco« soll zur eigenen Marke werden. Sie bezeichnet ausschließlich Prosecco, der in der Ortschaft Prosecco erzeugt wird.

Die wohl berühmteste autochthone blaue Rebe findet man ebenfalls im Karst. Aus der Refosco-Traube wird dort der Terrano (Teran) erzeugt. Mit den positiven Eigenschaften des Terrano beschäftigte sich Maximilian Ripper, seines Zeichens Inspektor der k.k. landwirtschaftlich-chemischen Versuchsanstalt in Görz. Im Jahr 1910 schrieb er in seiner önologisch-chemischen Studie über den Karster Terrano: »Er reizt und lockt zum Weitertrinken, wobei der Appetit auffallend angeregt wird. Auch des Guten zu viel schadet nicht. Der Terran macht fröhlich und hinterlässt am nächsten Tage weder kopf- noch brustbeschwerende Nachwirkungen. Selbst in großen Mengen genossen soll er keine auffallende berauschende Wirkung äußern.«

Ebendiese landwirtschaftlich-chemische Versuchsanstalt in Görz wurde 1869 als Versuchsanstalt für Weinbau und Seidenraupenzucht unter der Leitung des gebürtigen Pressburgers Friedrich Haberlandt eingerichtet. Während seiner Görzer Zeit verfasste Haberlandt ein Standardwerk mit dem Titel »Der Seidenspinner des Maulbeerbaums, seine Aufzucht und seine Krankheiten«, ehe er als Professor an die neu gegründete Universität für Bodenkultur in Wien berufen wurde. Sein Wirken und Lehren in Görz trug unter anderem zum vermehrten Anbau von Maulbeerbäumen in der Brda und im Collio bei.

Über Oliven und Öl wird im Küstenland mit gleicher Freude wie über Wein gesprochen, vielleicht sogar mit mehr Passion. In den Hauptanbaugebieten des Küstenlandes – im italienischen Val

Rosandra bei Triest und in der slowenischen Brda – finden sich viele Parallelen. So kultivierten bereits die Römer hier ihre Ölbäume, die bekannteste autochthone Sorte heißt Bianchera (Belica) und 1929 fiel da wie dort fast der gesamte Baumbestand dem strengen Winter zum Opfer. Zeitgleich in den späten Siebzigerjahren begannen Pioniere wie Bruno Podveršič in der Brda oder Danilo Starec im Val Rosandra mit der Wiederbepflanzung. Beide Landstriche haben außer Vordenkern noch eines gemein: Der Boden besteht aus Flysch und Sandstein, eine Kombination, die Olivenbäume lieben. Die Steine speichern im Sommer Feuchtigkeit und im Winter Wärme.

Lokalaugenschein vor den Toren Triests: »In unser Val Rosandra mitten im Karst, dort wo unser berühmtes Olivenöl produziert wird, hat sich ein Stückchen Afrika geschummelt – zumindest geologisch. Der Karstkalk wird hier durch den Sandstein der afrikanischen Platte durchbrochen«, erklärt Roberto Starec, während er seine Gäste durch den Olivenhain führt, den sein Vater vor vierundzwanzig Jahren angelegt hat.

Was den Bekanntheitsgrad der Olivenöle und die produzierten Mengen betrifft, hat das Val Rosandra eindeutig die Nase vorne. Seit ein paar Jahren ist das Öl unter der Bezeichnung »DOP Tergeste« in die Liste der geschützten Öle der EU eingetragen. Doch die Ölbauern der Brda haben auf die Überholspur gewechselt. Zusammen mit den Produzenten aus dem Collio arbeitet man in der Brda fieberhaft an einer gemeinsamen Marke für die gesamte Region Collio/Brda. Die EU macht's möglich und entschädigt damit ein wenig für das Tocai-Debakel.

Brda, Dörrzwetschkenerzeugung, 1953

Aus der »Chronik der Verwaltung« des Grafen Baguer

Einen einzigartigen Einblick in die Methoden des Weinbaus und der Landwirtschaft, in die produzierten Mengen und Sorten sowie in das Lehenswesen und die Lebensbedingungen der Bauern gewährt die »Chronik der Verwaltung« des Grafen Baguer. Der Stammsitz der Familie befand sich in der Burg von Dobrovo, die Besitzungen im Ausmaß von 882 Hektar erstreckten sich von Görz bis Mossa und umfassten viele Gemeinden der heute slowenischen Brda. Graf Baguer war Spanier. Er stand im Dienste des Vatikans und verbrachte aus gesundheitlichen Gründen einige Zeit in Görz, dem ehemaligen »Nizza Österreichs«. Schließlich heiratete er die Erbin der Burg von Dobrovo. Von 1880 bis 1914 führte er eine Chronik der Verwaltung und zwar akribisch genau. Besonders interessant ist die Beschreibung eines Fundes, den Graf Baguer im Zuge von Renovierungsarbeiten im Schloss Dobrovo gemacht hat:

»Während man auch im Inneren des Schlosses Dobrovo ein bisschen Ordnung machte, fand man in einem kleinen Zimmer im zweiten Stock tausend Flaschen Picolit. Niemand von uns ahnte, welchen Schatz wir vor uns hatten. Wir öffneten eine Flasche und kosteten einen exquisiten Picolit mit einem veritablen Alter. Leider konnte ich das Alter der Flaschen nicht genau bestimmen. Nur so viel: Am nächsten Tag fand ich neben der Eingangstür noch ein Verzeichnis der Flaschen, datiert mit 1760, 1780, 1790, 1800, 1810 und 1846. Der »Nektar« wurde in andere Flaschen umgefüllt, gut verschlossen, etikettiert. Die Hälfte brachten wir in die Stadt zum Verkauf. Einige Jahre später ließ ich das Restaurant Sacher in Wien wissen, dass ich dem Haus die andere Hälfte der Viertel-Liter-Flaschen der Jahrgänge 1760 bis 1800 zu einem Preis von 20 bis 25 Kronen überlassen könne. Man antwortete mir, es bestünde kein Interesse, denn, obwohl ein Angebot eines Weines dieses Alters äußerst selten sei, würden nach dem Börsenkrach von 1873 nicht einmal die wohlhabendsten Familien Weine dieser Preisklasse kaufen. Was schließt man daraus? In Wien kann man sich den Picolit aus dem Collio nicht leisten!«

Ernte auf den Feldern des Grafen Baguer, 1907

Graf Baguer auf Schloss Dobrovo, 1907

Auf dem Weg nach Gradno …
… zwischen Drnovk und Višnjevik schaukelt die Straße den Kamm eines Hügels entlang. Ostwärts schwappt das Land in steilen Wellen bis zum Monte Santo. Um einiges sanfter plätschern die Hügel Richtung Westen bis zur nächsten Anhöhe und Kirche. Die richtigen Stichworte sind: Kirschblüte, Picknickkorb, blaue Stunde, Sonnenuntergang.

Ein Amphitheater der Natur …
… öffnet sich nördlich von Gradno. Am Haus Nr. 2 vorbei, bergauf, den Feldweg entlang, steht man nach zweihundert Metern zwischen Kirschen-, Feigen- und Olivenbäumen im obersten Rang des Zuschauerraums besagten Theaters. Weinstöcke und wildes Grün bilden die Kulissen, der Kirchturm im Tal spielt eine der Hauptrollen. Selbst die Wildschweine grunzen Beifall, vor allem wenn im Herbst die Eicheln von den Bäumen fallen und die Trauben reif sind.

Šmartno …
… ist der malerischste Ort der Brda und zu jeder Jahreszeit einen Besuch wert. Nach dem Trubel im Sommer ist das Dorffest des Heiligen Martin um den 11. November eine Angelegenheit der Einheimischen. Mit etwas Glück öffnet sich eine Tür und man darf sich die Hände über dem offenen Feuer reiben. Denn in Šmarto gibt es ihn noch, den *Fogolar*. Der *Fogolar* ist eine quadratische Esse im Ausmaß von gut einem Meter, leicht erhöht auf einem Mauersockel. Darüber sitzt ein konischer Kamin mit Quergestänge, an dem Töpfe und Pfannen über dem offenen Feuer baumeln. Früher war die Küche mit dem *Fogolar* der wärmste Raum im Haus. Hier wurde gekocht, gelacht, geliebt, gelitten, geboren und gestorben. Von hier aus zog man aufs Feld, in die Stadt und in den Krieg.

Hierher kehrte man zurück zu den Alten, die inzwischen das Feuer gehütet hatten, und erzählte im flackernden Schein von der Welt hinter den Bergen oder jenseits des Golfes von Triest.

In der Brda

2242
Vk. Dražki
Kranjska dol.
Zajernik
Javornik
Berjanca A.
Konjšica
Veldeser A.
Trsljak
Slamnik
1538
Siuca
1258
Mesnovc v.
Zadler
Gorjuse
Jame
Uskovnica
Podjelle
Mitterdf.
Kerschdf.
Koprivnik
Althammer
Jereka
Neuming
Brod
Wittnach
Korita
D. Gereuth
Vitinska pl.
Raune
Visoki
1542
1845
Bača
Podbrdo
Daine
Grand
Steržišče
Deutschruth
Tertnik
Zeitler
138
Podgrio
Kuk
1514
Znojile
Kröhlich
Obloke
Koritnica
1631
1288
Bukovo
Gorje
Novake
Orehek
Dabnje
Zakriž
Police
Kirchheim

Von Assling nach Görz

Durch den Berg

In Brazzano, einem Vorort von Cormons, scheint die Zeit vor rund hundert Jahren eingeschlafen zu sein. Seither döst sie im Schatten eines Kakibaums vor dem urigen Winzerhaus und denkt nicht daran aufzuwachen. Wovon sie wohl träumt? »Bestimmt von damals«, sagt Thomas Kitzmüller und schmunzelt. Er ist durchaus bereit, ein paar der Geheimnisse, die hinter den Steinmauern seines Weingutes schlummern, zu verraten. Doch so einfach ist das nicht. Seine Familiengeschichte weist derart viele Facetten auf, dass er nicht recht weiß, was er zuerst erzählen soll. Eines sei vorweg verraten: Der Wein spielt dabei keine Rolle, obwohl die Familie Kitzmüller in der Zwischenzeit davon lebt. Nicht schlecht davon lebt, denn Thomas ist einer der tüchtigen Jungwinzer von Cormons, die in den letzten zwanzig Jahren durchgestartet sind. Die viele Arbeit, die er in seinen Einmannbetrieb steckt, hat sich bezahlt gemacht. Und was war davor?

»Meine Vorfahren haben nicht ganz so hart gearbeitet, zumindest nicht körperlich.« Thomas lacht. Der Vater sei Schriftsteller, der Großvater aus Wien habe als Geiger in einem Orchester gespielt und während einer Tournee in Venedig die Großmutter, eine Contessa und Malerin aus Brazzano, kennengelernt und geheiratet – daher der deutsche Name Kitzmüller. Die Ururgroßmutter aus dieser Linie hieß Katharina Pohl und stammte ebenfalls aus Wien. Sie hatte auf eine Karriere als Opernsängerin verzichtet und lieber den Grafen Ottaviano di Manzano geheiratet. Letzterem verdanke man auch das Anwesen in Brazzano: ein schlichtes Landhaus mit einem stillen Innenhof, in dessen Mitte bis heute der Rosenstrauch Ottavianos im Rundbeet blüht. Ottaviano war mit seiner jungen Frau Katharina und der kleinen Tochter Justine von Wien hierher aufs Land gesiedelt. »Einen schöneren Platz für eine unbeschwerte Kindheit gibt es kaum.« Thomas spricht aus Erfahrung. Auch er ist im ehemaligen Landhaus Ottavianos aufgewachsen. Der Eingang lag früher an der Hauptstraße von Brazzano. Da sie heutzutage stark befahren ist, wurde das Anwesen mehr und mehr Richtung Süden ausgerichtet. Und so nähern sich Gäste und Familie nun hauptsächlich über einen besseren Feldweg, der durch die Weingärten von hinten herum zum Weingut führt. Schon von weitem strahlt dem Besucher das freundliche Gelb eines ehemaligen Gesindehauses entgegen. Seit rund zwanzig Jahren beherbergt es ein *agriturismo.* Noch jeder Gast ist dem Charme des Kleinods erlegen. Alte Reben, der schattenspendende Kakibaum und die sandfarbenen Steinwände des angrenzenden Weinkellers bilden den Rahmen für eine perfekte Idylle. Zufrieden betrachtet Thomas die windschiefen Läden des französischen Fensters im ersten Stock. Der satte Grünton kommt von den fünf Schichten Lack, der Fensterstöcke wie Läden leidlich zusammenhält. So hat das Haus vor hundertfünfzig Jahren ausgesehen, so soll es bleiben. Thomas verschwindet im Keller und kommt mit einer Flasche Ribolla zum Sitzplatz unter dem Kakibaum zurück. Bei einem Glas Wein lässt es sich viel besser plaudern.

»Ottavianos Tochter, meine Urgroßmutter Justine, ging wie alle höheren Töchter bei den Schwestern von Notre Dame in Görz in die deutsche Schule«, erzählt Thomas Kitzmüller. »Dort freundete sie sich mit Elvira und Jenny Ceconi an und verbrachte viel Zeit mit den beiden Schwestern in deren Familienvilla.« Die Villa Ceconi war im ausklingenden 19. Jahrhundert der Treffpunkt der noblen Gesellschaft von Görz. Sie gehörte Conte Giacomo Ceconi di Montececon, einem Friulaner aus Pielungo, der es vom einfachen Arbeiter zum Bauunternehmer und zu sagenhaftem Reichtum gebracht hatte. Für seine Verdienste um die Monarchie wurde er sogar geadelt. Giacomo Ceconi hatte die Villa in Görz für seine Kinder aus erster und zweiter Ehe erworben. Er selbst war manchmal zu Besuch, lebte aber mit seiner dritten Frau hauptsächlich in Graz. Die Jugendlichen konnten in der Villa Ceconi tun und lassen, was sie wollten. Sie spielten Tennis oder fuhren mit dem Rad im riesigen Park spazieren. Es gab Theateraufführungen und wer etwas auf sich hielt, ließ sich dort sehen: das bessere Bürgertum, der Adel und hochrangige Militärs sowieso. Weilte der Hausherr in Görz, dann war auch Erzherzog Ludwig Salvator, ein Verwandter von Kaiser Franz Joseph, gerne zu Gast. »Irgendwann verliebte sich Justine in den Bruder der Ceconi-Schwestern. Er hieß Vittorio und war der drittgeborene Sohn des Conte. Die beiden heirateten. Tochter Eva aus dieser Ehe, jene Contessa und Malerin aus Brazzano, ist meine Großmutter, Conte Giacomo Ceconi also mein Ururgroßvater.« Thomas freut sich, seine Vorfahren nun doch in die richtige Ahnenreihe gebracht zu haben.

Über Giacomo Ceconi erzählt Thomas gerne mehr. Das hat zwei Gründe. Thomas bewundert seinen Ururgroßvater dafür, wie weit es der Analphabet aus den Bergen Friauls mit Arbeit und Fleiß gebracht hat. Vielleicht hat Thomas von ihm die Freude am Anpacken geerbt. Und beide, Conte wie Ururenkel, haben ein Faible für die Eisenbahn. Conte Ceconi ist durch sie steinreich geworden. Ceconi begann als Maurer und war in Triest einige Zeit beim Eisenbahnbau beschäftigt. Schnell arbeitete er sich hinauf und mit fünfundzwanzig Jahren besaß er bereits ein eigenes Bauunternehmen. Giacomo Ceconi spezialisierte sich auf den Bau von Eisenbahntrassen und Bahnhöfen.

Der Durchbruch gelang ihm im wahrsten Sinne des Wortes beim Bau des Arlbergtunnels. Ceconi stellte das Projekt inklusive des zehn Kilometer langen Tunnels in nur vier Jahren fertig und unterschritt damit die geplante Bauzeit gewaltig. Im Beisein des

Kaisers fand am 20. September 1884 die feierliche Eröffnung statt. »Das brachte Ceconi eine Prämie von 276.000 Gulden ein. Mein Ururgroßvater war kein Zauderer, wäre er in Verzug gekommen, so hätte er achthundert Gulden Pönale pro Tag zahlen müssen. Bei den vielen Imponderabilien einer Baustelle im Gebirge gehört schon Mut zum Risiko, um solche Bedingungen zu akzeptieren.« Ob sich Giacomo Ceconi mehr über die nach heutiger Kaufkraft rund zweieinhalb Millionen Euro Prämie oder über die Erhebung in den Adelsstand freute, mit der ihn der Kaiser zusätzlich belohnte, weiß Thomas nicht. Er kann es nur vermuten. Conte Ceconi war Zeit seines Lebens ein bescheidener Mann geblieben, sehr sozial und sich stets seiner Wurzeln bewusst. Er fühlte sich in den allerhöchsten Kreisen nie ganz zu Hause, obwohl er sehr gute Beziehungen zu den neuralgischen Stellen in den Ministerien in Wien hatte. Dort wurden schließlich die Aufträge vergeben.

»Die Krönung des Lebenswerkes von Conte Ceconi war der Bau der Wocheinerbahn. An dieses Projekt hat er derart fest geglaubt, dass er die Planung auf eigenes Risiko vorfinanzierte.« Thomas nimmt einen Schluck Wein, fast so, als wolle er auf das Meisterstück Ceconis anstoßen. Ceconi sah im Bau der Bahn, die Görz mit Assling, dem heutigen Jesenice, verbinden sollte, einen wichtigen Impuls für Görz und letztlich für ganz Friaul. Mit seinen damals siebenundsechzig Jahren hätte er seinen Reichtum genießen und es sich mit seiner vierten Frau und den gemeinsamen Kindern gut gehen lassen können. Das Schloss, das er sich in seinem Heimatort Pielungo erbaut hatte, wäre dazu mehr als geeignet gewesen. Stattdessen wollte er es noch einmal wissen. Giacomo Ceconi finanzierte nicht nur die Planung der Wocheinerbahn aus der eigenen Tasche, er hatte bereits im September 1900 begonnen, die Baustelle auf eigene Kosten einzurichten. Das Bahnprojekt wurde erst Monate später vom Ministerium in Wien genehmigt. Das Abenteuer ging gut. Wie so vieles im Leben des Conte Ceconi. Im Mai 1904 wurde der *traforo* gefeiert. Durch den Berg! Kernstück der

Verbindung zwischen Assling und Görz war ein sechs Kilometer langer Tunnel. Man hatte sowohl von der Nord- als auch von der Südseite zu graben begonnen. Am 31. Mai 1904 war alles für den Durchstich bereit. Erzherzog Leopold Salvator war nach Wochein-Feistritz gereist und hatte die Nacht dort in einer weiteren Villa des Grafen Ceconi verbracht. Thomas greift nach der Laibacher Zeitung vom 1. Juni 1904 und liest vor: »Nach der Heiligen Messe legten die hohen Herren wasserdichte Regenmäntel an und fuhren in Requisitenwagen in den Stollen ein. Im ersten Wagen saß Conte Ceconi, im zweiten hatte der Erzherzog Platz genommen. Die gesamte Tunnelröhre war mit einer Unzahl an elektrischen Glühlampen beleuchtet. Bei Meter 2260 hielt der Zug an, die Lokomotive wurde entfernt und die Waggons wurden vom Arbeiterpersonal bis Meter 3070 geschoben. Der Erzherzog hielt eine kleine Rede und drückte sodann unter jubelnden Zurufen auf den Taster der elektrischen Zündung, worauf etwa fünfhundert Meter von den Festgästen entfernt die letzten vierzig Minen explodierten und die fünfzig Zentimeter dicke Scheidewand zwischen Nord und Süd zerstörten. Dann schritten die Festgäste zur Durchschlagstelle ...«

Den Rest des Tages verbrachten die Herren mit Feiern und, wie in der Laibacher Zeitung detailliert beschrieben, mit ausführlichem »Toastieren«. Die Zeitung berichtet, dass es sich Conte Ceconi nicht nehmen ließ, allen Festteilnehmern ein prachtvoll ausgestattetes Erinnerungsalbum mit Ansichten vom Tunnelbau zu überreichen. Thomas zieht ein vergilbtes, blassblaues Album aus dem Stapel seiner Transalpina-Bücher hervor. Leider kein Familienerbstück, sondern antiquarisch gekauft. Beim Durchblättern fühlt man sich in eine andere Zeit versetzt: Fotos von monströsen Bohrapparaten, die an Zeichnungen und Entwürfe Leonardo da Vincis erinnern, Bilder des Wassereinbruchs auf Kilometer 1.9, Stollen, Bolzen, Arbeitslokomotiven und dazwischen Schwerarbeiter, die mit Pickel und Schaufel graben. Die Geschichte der Transalpina-Eisenbahn interessiere ihn eben, erklärt Thomas – nicht nur wegen des *trisnonno.* So weiß er auch, dass die Durchfahrt durch den sechs Kilometer langen Tunnel für die Heizer im laufenden Betrieb sehr unangenehm war. Sie mussten sich nasse Tücher vor den Mund halten und sich auf den Boden legen, um nicht im Rauch zu ersticken. Bis heute füllt sich der Tunnel bei Starkregen mit Wasser. Schon Conte Ceconi hatte beim Bau laufend mit Wassereinbrüchen zu kämpfen, weil zwei unterirdische Quellen die Trasse querten. Nichtsdestotrotz gelang es Ceconi, die Wocheinerbahn acht Monate schneller als geplant fertigzustellen. Prämie gab es für den schnellen Baufortschritt keine mehr. Aber das Vermögen des *trisnonno* war auch so groß genug.

»Angeblich hat Giacomo Ceconi rund 14.000.000 Millionen Lire hinterlassen«, sagt Thomas. Warum er das nicht genauer weiß, ist leicht erklärt. Conte Ceconi war der Meinung, seinen zehn Kindern zu Lebzeiten alles geboten zu haben, um ihnen eigene erfolgreiche Karrieren zu ermöglichen. Doch zufrieden war er nur mit dem Werdegang des ältesten Sohnes, dem er die Hälfte seines Vermögens hinterließ. Die zweite Hälfte vermachte er seinen beiden Jüngsten. Sie waren zum Zeitpunkt seines Todes noch sehr klein. Alle anderen Kinder bezeichnete er als seine ärgsten Feinde. »Somit hat auch niemand aus meiner Familie etwas geerbt«, sagt Thomas und lacht. Es macht ihm nichts aus. Jeder Mensch hat – Gott sei Dank – mehrere Ururgroßväter. Das Landhaus von *trisnonno* Ottaviano in Brazzano ist ihm ohnehin lieber als alles Geld der Welt.

Conte Giacomo Ceconi di Montececon

Giacomo Ceconi wurde am 29. September 1833 in Vito d'Asio in der Gemeinde Pielungo geboren. Er wuchs in ärmlichen Verhältnissen auf und ging 1851 mit seinem Cousin nach Triest, um dort sein Glück zu versuchen. Zu diesem Zeitpunkt war er noch Analphabet.

Wochein. 31. Mai 1904, am Tag vor dem Durchstich

Er erlernte das Maurerhandwerk sowie lesen und schreiben und arbeitete fünf Jahre als einfacher Maurer. Es folgte ein kometenhafter Aufstieg. 1857 bis 1862 hatte Ceconi bereits die Aufsicht über die Baustellen des Bahnprojektes Klagenfurt–Agram, schon 1862 erhielt er als Bauunternehmer einen Subauftrag für den Bahnhof Unterdrauburg, weitere Bahnhofsprojekte ließen nicht lange auf sich warten. 1879 nahm Ceconi die österreichische Staatsbürgerschaft an und noch im selben Jahr vergab man die Bauausführung des Eisenbahntunnels durch den Arlberg gemeinsam an ihn und die Gebrüder Lapp. Die Arbeiten dauerten bis 1885, es gelang Giacomo Ceconi das Projekt fast ein Jahr früher als geplant fertig zu stellen. Der Erfolg am Arlberg war ausschlaggebend für Ceconis Reputation als führender Mann im Eisenbahnbau. 1893 war Giacomo Ceconis Stellung derart gefestigt, dass er es sich leisten konnte, die österreichische Staatsbürgerschaft zurückzulegen und wieder Italiener zu werden. Der italienische König verlieh ihm daraufhin den vererbbaren Titel Conte Ceconi di Montececon. Um einen entsprechenden Stammsitz zu haben, ließ er in seiner Heimatgemeinde Pielungo ein Schloss in neugotischem Stil errichten. Über dem

Eingang prangten die überlebensgroßen Figuren von Dante, Petrarca, Ludovico Ariosto und Torquato Tasso, aus dem Stein gemeißelt von Alfonso Canciani.

Giacomo Ceconi war ein Eisenbahnpionier. Überall in der Monarchie hinterließ er seine Fußabdrücke in Form von Bahnlinien und Bahnhofgebäuden. Die bekanntesten sind: die Bahnhöfe von Tarvis, Pontebba, Sterzing und Gries, Villach und Unterdrauburg, die Bahnlinie Ödenburg–Steinamanger, der Bahnhof von Znaim sowie die Bahnlinie Kreuzstätten–Mislitz, einige Projekte im Hafen von Triest und entlang der Bahnlinie von Barcola. Außerhalb der Monarchie half Ceconi bei der Erweiterung diverser Häfen auf Sardinien und errichtete die Gebirgsstraße Strada Regina Magherita in der Nähe von Pielungo.

Conte Ceconi war vier Mal verheiratet und hatte zehn Kinder, in deren Erziehung er viel Geld investierte. Per Testament enterbte er allerdings den Großteil seiner Sprösslinge. Giacomo Ceconi starb am 18. Juli 1910. Seine Arbeiter und die Bevölkerung von Pielungo haben *ihren* Giacomo Ceconi in besserer Erinnerung als seine Kinder. Der Conte war sehr sozial eingestellt und ließ in seinen späten Jahren als Bürgermeister von San Vito d'Asio Schulen bauen und Wälder aufforsten. Darüber hinaus setzte er diverse Bildungsprojekte um. Doch auch der Groll der Ceconi-Kinder auf ihren Vater ist in der dritten Generation verraucht. Längst sind Conte Ceconis Urenkel stolz darauf, Nachkommen einer friulanischen Legende zu sein.

Die Wocheinerbahn

Noch mit den Arbeiten am Arlberg beschäftigt, präsentierte Giacomo Ceconi 1884 seine Idee einer Eisenbahnlinie von Assling nach Görz an zuständiger Stelle in Wien. 1901 genehmigte man das Projekt schließlich. Den Vorstoß Ceconis und das jahrelange

Ringen um die Realisierung der Trasse muss man in größerem Zusammenhang sehen: Bereits 1869 hatte die Triestiner Handelskammer eine Petition an den Kaiser gerichtet. Die bevorstehende Eröffnung des Suezkanals werde den Seehandel weiter beleben und erfordere eine zweite Bahnlinie nach Triest. Des Kaisers Mühlen mahlten langsam, die genaue Route wurde oft diskutiert und wieder verworfen, diverse Varianten standen zur Debatte. Das Kanaltal kam nicht in Frage, es war als italienisches Gebiet für ein österreichisches Bahnprojekt tabu.

Giacomo Ceconi setzte sich Jahrzehnte lang für die Routenführung über Assling (Jesenice), Veldes (Bled) und Wochein-Feistritz nach Görz ein. Am 6. Juni 1901 gab es endlich grünes Licht. Die Strecke war ein Teil der »neuen Alpenbahnen«, die auch die Tauern- und Phyrnbahn umfasste. Sie erhielt den deutschen Namen Wocheinerbahn, die italienische Bezeichnung lautete Transalpina.

Die Bahnlinie ist inklusive der anschließenden Karstbahn 144 Kilometer lang. Der erste Abschnitt, die Wocheinerbahn, verbindet Assling mit Görz. Die Karstbahn führt von Görz über Štanjel weiter nach Triest. Die Gesamtkosten für die Strecke Assling–Görz betrugen nach heutiger Kaufkraft rund 374 Millionen Euro. Giacomo Ceconi hatte bereits im Jahr 1900 ohne fixen Auftrag mit der Baustelleneinrichtung begonnen. Seit seinem Erfolg am Arlberg besaß er ausgezeichnete Kontakte nach Wien, vor allem in der Person des Eisenbahnbaudirektors Karl Wurmb. Ceconi war sich sicher, den Auftrag zu erhalten. Er stellte die Bahn acht Monate früher als vorgesehen fertig und wurde gefeiert. Baudirektor Karl Wurmb musste 1905 allerdings zurücktreten, da die geplanten Baukosten erheblich überschritten wurden. Grund waren die schwierigen geologischen Verhältnisse. Abspringende Felsen und Wassereinbrüche erschwerten die Arbeiten. Die heikelsten Abschnitte waren der sechs Kilometer lange Tunnel hinter der Ortschaft Wochein-Feistritz und die Brücke von Solkan kurz vor Görz.

Am Höhepunkt der Bautätigkeit waren allein auf der Tunnelbaustelle rund 2.500 Arbeiter beschäftigt. Kleinere Unfälle waren an der Tagesordnung, bei größeren Unglücken kamen insgesamt achtzig Arbeiter ums Leben. Trotz der Gefahren, die diese Gebirgsbaustelle mit sich brachte, arbeiteten die Männer gerne für Conte Ceconi. Er sorgte gut für seine Leute. In Wochein-Feistritz ließ er Unterkünfte und eine Mensa errichten. Als unter den Arbeitern der Typhus ausbrach, baute er ein Spital. Am 19. Juli 1906 wurde die Transalpina gemeinsam mit der Karstbahn von Erzherzog Franz Ferdinand feierlich eröffnet.

Conte Giacomo Ceconi di Montececon

Görzer Fußabdrücke eines Eisenbahnpioniers

Bahnhöfe …

… gibt es in Görz gleich zwei. 1857 eröffnete man die Bahnlinie Wien–Laibach–Triest und verkürzte damit die Reisezeit von Wien nach Triest von einer tagelangen Postkutschenfahrt auf rasante vierzehn Stunden. 1860 wurde die Strecke um den Abschnitt Triest–Udine erweitert. So bekam Görz seinen ersten Bahnhof, etwas außerhalb der Stadt im Süden gelegen. Mit dem neu angelegten Corso Italia – damals selbstverständlich nach dem Kaiser »Corso Francesco Giuseppe« genannt – schaffte man eine Verbindung ins Zentrum. 1905 vollendete Giacomo Ceconi die Wocheinerbahn. Sie stieß im Norden auf Görz. Auf diese Weise kam eine 30.000-Einwohner-Stadt zu einem zweiten Bahnhof. Auch er lag knapp zwei Kilometer vom Zentrum entfernt auf der heutigen Piazza Transalpina. Ab dem Jahr 1909 löste eine dritte »Bahnlinie« das Transportproblem zwischen Ortsmitte und Peripherie. Die »Elektrische«, eine Straßenbahn von Nord nach Süd, verlieh der Stadt bis zu Beginn des Ersten Weltkrieges ein großstädtisches Flair.

Hauptplatz von Görz mit Tram

Südportal des Tunnels, Giacomo Ceconi, 5. v. l.

Transalpina Bahnhof in Görz

Die Villa Ceconi …

… befindet sich im Norden von Görz in der Via del Montesanto 15/6. Conte Giacomo Ceconi ließ das Gebäude in den Jahren 1885 bis 1887 im neugriechischen Stil errichten. Die Villa ist dreigeschoßig, zentrales Element bilden zwei Loggien, die seitlich von zwei quadratischen Türmen eingefasst sind. Das Gebäude teilte das Gelände in zwei Bereiche. Im vorderen Garten blühten üppige Blumen, der hintere Teil wies alle Elemente eines romantischen Parks auf: exotische Bäume und Pflanzen, buchsbaumgefasste Beete, einen künstlichen Belvedere-Hügel und ein elegantes Glashaus. In diesem Park traf sich die aristokratische Jugend von Görz. Man spielte Tennis, fuhr mit dem Hochrad oder drehte kleine Runden mit dem Pferd. Auch die Villa selbst bot mit mehreren Sälen und Salons viel Platz für Theateraufführungen, Maskenbälle, diverse Unterhaltungen und Kultur. Giacomo Ceconi hatte die Villa für die Kinder aus seinen ersten beiden Ehen erbaut. Neben Sohn und Tochter aus der ersten Ehe lebten dort die Geschwister Vittorio, Elvira, Jenny und Umberto Ceconi unter der Aufsicht von Gouvernanten. Ceconi ließ seine Kinder streng erziehen, gleichzeitig genossen sie in der Villa auch viele Freiheiten. Nach der Heirat des Ceconi-Sohnes Vittorio mit Justine, Contessa di Manzano, formierte sich in der Villa Ceconi ein gesellschaftlicher Salon, der alten friulanischen Adel mit frischem friulanischem Geld verband. Am 18. Juli 1899 hallte ein Knall durch die Räume der Villa. Umberto Ceconi hatte sich mit dem Revolver ins rechte Ohr geschossen. Nachdem Giacomo Ceconi es abgelehnt hatte, die Schulden Umbertos zu begleichen, sah dieser keinen anderen Ausweg, als sich das Leben zu nehmen. Der Selbstmord des Sohnes bewog Giacomo Ceconi wahrscheinlich dazu, die Villa im Jahr 1906 zu verkaufen. Das Anwesen wurde von der Familie Loser erworben.

Die Villa wurde im Ersten Weltkrieg schwer beschädigt, aber in den Zwanzigerjahren von Max Fabiani restauriert und nach den Wünschen der Schwestern der Ursulinen umgebaut. Die Ursulinen hatten das Gebäude 1921 erworben. Heute betreiben sie dort eine Volksschule. Und so kommt es, dass Thomas Kitzmüllers Töchter Eva und Greta täglich in der Villa ihres Ururgroßvaters Giacomo Ceconi ein und aus gehen.

Geschwister Ceconi und Freunde, um 1900

Geschwister Ceconi im Park der Villa Ceconi, um 1900

Villa Ceconi und Nebengebäude, Schule der Ursulinen, 1950er Jahre

Bahnhof von Wochein – Tunnelnordportal

Da Gorizia a Bled in »treno storico« …

… ist die Bezeichnung für eine Nostalgiefahrt auf der Strecke der Transalpina, der ehemaligen Wocheinerbahn. Mit der Dampflokomotive geht es über zweiundvierzig Brücken und durch genau so viele Tunnels von Görz nach Bled und retour. Der Spaß kostet um die 90 Euro pro Person. Abfahrt ist von Ende April bis September einmal monatlich jeweils am Sonntagmorgen vom Bahnhof an der Piazza della Transalpina in Nova Gorica.

Wer Diesel statt Dampf in Kauf nimmt, zahlt nur knappe 20 Euro, der Fahrplan kann sogar über die ÖBB abgefragt werden.

Die Brücke von Salcano …
… beeindruckt durch ihre Konstruktion und Geschichte. Im Jahr 1905 im Zuge der Errichtung der Wocheinerbahn in nur achtzehn Tagen erbaut, war sie damals mit 85 Metern Spannweite der größte Steinbogen der Welt. Eine Hilfskonstruktion aus Holz trug die Brücke, bis am 1. Juli 1905 der Schlussstein eingefügt wurde und sich der Bogen so selbst stützte. Die Pfeiler dieses Gerüstes wurden bis zu neun Meter tief in das Flussbett gerammt, insgesamt verbrauchte man 1.160 Kubikmeter Holz. Im Ersten Weltkrieg ereilte die Brücke von Salcano ein typisches Schicksal: Sie wurde im Zuge der Eroberung von Görz durch die Italiener in der sechsten Isonzo-Schlacht gesprengt. 1925 erfolgte der Wiederaufbau. Bis heute spannt sich der imposante Bogen über den smaragdgrünen Isonzo.

Im Agriturismo Mummelhaus …
… von Thomas Kitzmüller kann man beschauliche Tage in unverfälschter Ursprünglichkeit verbringen. Knarrende Treppen, ächzende Balken und Wände aus Stein erzählen die Geschichte des Hauses. Die Mummel, eine gebürtige Wienerin, war die Ururgroßtante der Familie und lebte rund fünfzig Jahre dort. In jungen Jahren war sie einst ihrer Schwester Katharina, die den Grafen Ottaviano di Manzano geheiratet hatte, von Wien nach Brazzano gefolgt. Das Paar hatte eine kleine Landvilla bezogen, die Mummel das benachbarte Gesindehaus. Die beiden Schwestern aus Wien waren im Ort gerne gesehen, die junge Gräfin dabei noch lieber gehört. Sie war eine begnadete Sängerin und statt in der Wiener Oper sang die Contessa nun in Brazzano und spielte dazu Klavier. Wie man erzählt, so schön, dass die Passanten mit offenem Mund vor dem offenen Fenster innehielten, um dem Klang ihrer Stimme zu lauschen.

Buchtipp:
»Viaggio alle Incoronate«, Hans Kitzmüller, Santi Quaranta, Treviso 1999.

co in pietra del mondo
r den Isonso in Salcano bei Görz

Lipa
Skerbina
Šmarje
Rubia
Sv. Suta
Tomaževica
Kobila-Glava
St. Daniel
Ob.-Kobdil
Komen
Gabrovica
Hruševica
Volčji Grad
Coljava
Kosovelo
Kregolišče
Berje
Fliskovica
Skopo
Kopriva
St. Polaj
Vilikidol
Berje
Tomaj
Praprot
Dutovlje
Salež
Koludrovica
Zgonik
Vogle
Kreple
Croce
Repen
Verhovlje
Gabrovica
Šmarje
Prosecco
Brisčiki
Repen Tabor
Tabor
Contovello
Opčina
Orlek
276
Barcola
Hotel
Banne
Belocacze
451
Trebič
Mt. Cal
448
Gropada
Lipizza
TRIEST
Padrich
406
Mt. Spaccato
Basovizza
Pta St. Andrea
St. Lorenzo
Jesero
Vallone di Muggia
Servola
Rizmanje
St. Pantaleone
Pta Sottile
Loog
Boljunz

Karst

Wein für Wien, Wasser für Štanjel

Der Reiseschriftsteller Heinrich Noè hatte im späten 19. Jahrhundert eine fixe Vorstellung vom Karst: » (...) die Reisenden, welche in einem Eisenbahnwagen über den Karst fahren und dann mündlich oder schriftlich von der entsetzlichen Wüstenei erzählen, die sie gesehen haben, irren sich. Es ist nicht ganz so schlimm damit. (...) Eine Spinatlandschaft, Entengrün in Grasgrün, ist der Karst aber nicht. Am wenigsten gilt das von jenem Karst, der Divatscha umgibt (...) Auch Doberdo wird niemanden aufhalten. Herumlaufende Schweine, von der Bora verstümmelte Bäume, ein Ziehbrunnen, knochendürre Hunde, eine Osteria ohne Proviant, das sind die Ausstattungsstücke eines slowenischen Karstdorfes.«

Derart vorgewarnt, in Erwartung des Grauens, zumindest des grauen Steins, erfolgt die Annäherung an die Ortschaft Štanjel vorsichtig und von der Rückseite, die Trasse der Karstbahn entlang, die in Fortsetzung der Wocheinerbahn von Görz durch das Branicatal auf die Karsthochfläche und weiter nach Triest führt. Das üppige Grün im Tal, der Föhrenwald über dem schroffen Fels, die heitere Abfolge von Schienen, Straßen, Brücken und Burgen, kurz die Idylle einer Landschaft wie aus dem Katalog für Modelleisenbahnen macht misstrauisch. Wo beginnt nun die boragepeitschte Tristesse? Hier jedenfalls nicht, denn Štanjel ist alles andere als ein windiges Karstdorf. Stolz steht die Festung auf dem Stein. Doch was Widerstand bieten soll, löst sich im Pastell des Sonnenuntergangs auf. Wehrtürme wanken, Mauern bröckeln, Kanten brechen im weichen Licht. Der Abend wächst. Schon sieht der Kirchturm die Dunkelheit am Horizont und artig schlüpft er unter seine graue Schlafmütze. Gute Nacht.

Im benachbarten Kobdilj offenbart sich der herbe Charakter des Karstes schon eher. Die Suche nach dem Anwesen der Familie Fabiani mit dem legendären Maulbeerbaum bleibt erfolglos und endet in der Einfahrt des Honigbauern und Winzers Jože Fabjan. Auf der Hausbank sitzen zwei Karsthaudegen im besten Alter, das charakteristische Rot in den Gläsern der beiden verrät: Hier wird Teran gekeltert. Die Frage nach dem Gut der Fabianis scheitert am mangelnden Slowenisch, und Jože Fabjans freudiges Nicken soll wohl so viel heißen wie »ja, genau hier wohnt die Familie Fabjan«. Neben ihm murrt ein gewisser Maks immerhin auf Italienisch, dass er mit dem weltberühmten Jugendstilarchitekten außer dem Vornamen nichts gemeinsam habe, denn er heiße Prodan. Von seinem Namensvetter Max, dem Genius, der im Wien des ausklingenden 19. Jahrhunderts eine beispiellose Karriere gemacht habe und schließlich als Bürgermeister nach Štanjel zurückgekehrt sei, wisse er wenig. Fabiani sei seit fünfundvierzig Jahren tot, genauso wie die meisten seiner damaligen Weggefährten aus Štanjel. Nun ja, seine Mutter lebe noch, sie hätte Fabiani persönlich gekannt, aber die sei älter als Stein und schlafe bestimmt schon. Selbstverständlich könne auch er über Fabiani erzählen, wozu er aber keine Lust habe. Heute sei Freitag, da unterhalte er sich nicht gern auf Italienisch, schon gar nicht mit einer Österreicherin.

Maks schlürft seinen Teran so lautstark wie andere die Suppe und bohrt zufrieden mit dem Finger im Ohr. Die zarten Misstöne in der Luft möchte er auf keinen Fall missen. Im Karst ärgert die Bora den Menschen und der Mensch den Nachbarn – oder den zufälligen Gast. Der unerwartete Erfolg, an diesem Freitagabend ein Opfer gefunden zu haben, stimmt Maks gnädig. Spontan plaudert er auf Deutsch weiter, wohl um zu zeigen, dass er mit dem berühmten Fabiani doch etwas gemeinsam hat. Fabiani konnte sich mit den Dorfbewohnern auf Slowenisch, mit den Ausflüglern aus Triest auf Italienisch und mit dem Adel aus Wien auf Deutsch unterhalten. Auch Maks spricht diese drei Sprachen fließend. »Allerdings ohne derart zu nuscheln wie der große Max Fabiani, der übrigens sehr klein gewesen ist«, sagt Maks zufrieden, mit sich und der Welt im Einklang. Er legt Wert auf die feinen Unterschiede, der Finger im Ohr dringt dabei in ungeahnte Tiefen vor.

Für den Ort Štanjel hat Max Fabiani Erstaunliches geleistet. Das gibt selbst Maks Prodan zu. Es war allein Fabianis Verdienst, dass Štanjel im Jahr 1942 die Brandschatzung durch deutsche Truppen erspart geblieben ist. Der Feind war im Begriff, Štanjel niederzubrennen, als sich Fabiani, damals Bürgermeister, dem deutschen Kommandanten entgegenstellte und ihm riet, er solle sich das gut überlegen, denn er, Fabiani, kenne den Führer persönlich. Mit deutscher Gründlichkeit überprüfte man die Behauptung und telegrafierte nach Berlin. »Wer? Fabiani? Max Fabiani der alte Ziegenbock«, soll Hitler gemeckert haben, »also gut, von mir aus, Dorf verschonen.« Was den Führer zu dieser milden Haltung bewogen hat, bleibt unklar, denn vermutlich war er auf Fabiani nicht gut zu sprechen. Fabiani besaß im Wien der Jahrhundertwende eines der renommiertesten Architekturbüros der Monarchie. Im Jahr 1912 trat ein gewisser Adolf Hitler als technischer Zeichner in seine Dienste. Dreißig Jahre später appellierte Fabiani just an den Mann, den er nach nur dreimonatiger Praxis wegen Starrsinns und mangelnder Leistungsfähigkeit entlassen hatte. »Hätte Fabiani den Führer nicht auf die Straße gesetzt, wer weiß, wie anders die Weltgeschichte verlaufen wäre«, philosophiert Maks vor sich hin. »Hier im Dorf munkelt man jedenfalls, dass Fabiani an beiden großen Kriegen schuld gewesen ist.«

Fabiani war der persönliche Architekt und Berater von Erzherzog Franz Ferdinand. Am 23. Juni 1914, fünf Tage vor dem Attentat auf den Thronfolger, fuhren die beiden mit demselben Zug von Wien nach Triest. Während Fabiani weiter in seinen Heimatort Štanjel reiste, setzte Franz Ferdinand seine Fahrt von Miramare auf der *Viribus unitis* Richtung Sarajevo fort. Fabiani hatte Bedenken über die Reise des Thronfolgers geäußert, weshalb man ihn, den Österreicher mit slowenischen und italienischen Wurzeln, nach dem Attentat vorsorglich inhaftierte. »Alles Legende«, meint Maks, »so nahe sind sich die beiden sicher nicht gestanden. Die gemeinsame Zugfahrt ist nicht bewiesen. Obwohl, die Bekanntschaft mit dem Thronfolger ist ein Faktum und hat der Familie Fabiani alles andere als geschadet.« Ein weiterer Schlürfer Teran signalisiert das Ende der Karster Wortkargheit, mehr noch, er beflügelt die Maks'sche Erinnerung ob der Möglichkeit, mit seiner Interpretation der Geschichte ein Stückchen Geschichte zu schreiben.

»Die Verlängerung der Wocheinerbahn um die Strecke Görz-Triest sollte ursprünglich zehn Kilometer weiter nordwestlich verlaufen, das ist ein Faktum.« Maks weiß bestens Bescheid. Fabiani hat auf einer Streckenführung über Štanjel bestanden, obwohl zwischen Branica und Štanjel eine Steigung von 26 Promille überwunden werden musste. Immense Mehrkosten waren das damals. Jeder im Ort kennt den Grund dafür. Pure Geschäftemacherei! Die Fabianis gehörten zu den reichsten Picolitproduzenten im Karst, eine eigene Eisenbahnstation hat den Transport des Weins wesentlich verbilligt. »Picolit war immer etwas Besonderes, für die einfachen Leute ein erster Schluck vor der letzten Glückseligkeit, denn Picolit haben sie dir gerade einmal auf dem Sterbebett gegeben.« Wie auch immer, für Maks Prodan besteht kein Zweifel, dass Max Fabiani, Professor an der Technischen Hochschule in Wien, Privatberater Franz Ferdinands für Architektur und Kunstgeschichte, mit Sicherheit wusste, wie man Beziehungen nützt und Picolit verkauft.

Dass die Sache mit dem Picolit und der Eisenbahn auch etwas Gutes gehabt hat, darüber spricht man in Štanjel noch heute. Einmal wurde eines der wertvollen Fässer beim Verladen beschädigt. In Kübeln und Hüten fing man auf, was ging, und der Rest wurde aus den Händen getrunken. Was für ein Volksfest! Der Fabiani'sche Picolit sprudelte aus dem Fass wie sonst nur das Wasser aus der Quelle der Fabianis. Der einzigen Quelle im Karst wohlbemerkt, und somit die Quelle des Wohlstandes der Familie.

»Wein für Wien, Wasser für das Dorf, damit sind die Fabianis reich geworden«, bemerkt Maks spitz.

Doch das letzte Gläschen Teran versöhnt Maks mit Max. »Alles in allem war Max Fabiani kein übler Kerl. Nur wer versteht, was Wasser für uns im Karst bedeutet, begreift, was er für Štanjel getan hat.« Im Zuge des Ausbaus der Villa Ferrari in Štanjel schuf Fabiani ein ausgeklügeltes System von Zisternen und Speichern, in denen Regenwasser effizient gesammelt werden konnte. Und das als Spross einer Familie, die dreihundert Jahre lang vom Verkauf von Quellwasser gelebt hat.

»So, genug!« Maks spürt in seinen Karstknochen, dass die Bora bald wieder wehen wird. Was ihn daran erinnert, dass sich seine uralte Mutter sicher wieder über sein Ausbleiben ärgert. Bestimmt schläft sie noch nicht. Jeden Abend wartet sie in der Stube, bis er endlich kommt. Wie versteinert sitzt sie dann da, wie ein Teil des Hauses, verwittert, wie der Fels hinter dem Dorf. Ein kurzer Gruß, ein letzter Satz: »Man sieht sich, vielleicht in Kobdilj, oben auf dem Hügel. Das Haus Nummer 39 liegt neben dem meinen. Das war doch das Ziel des Ausfluges nach Štanjel, oder nicht? Ein Blick auf das Anwesen und den Maulbeerbaum der Fabianis.«

Štanjel (deutsch: St. Daniel), 1901

Der Maulbeerbaum der Fabianis vor rund hundert Jahren, Kobdilj Nr. 39

— *Der Architekt Max Fabiani* — *(1865–1962)*

Max Fabiani wurde am 29. April 1865 als elftes von vierzehn Kindern einer begüterten Familie in Kobdilj, Gemeinde Štanjel, geboren. Die Fabianis lebten seit dem 17. Jahrhundert im Ort und hatten es mit Weinhandel und dem Verkauf des Wassers aus der einzigen Quelle im Karst zu Wohlstand gebracht. Der Jahrhunderte alte Maulbeerbaum im Hof des Gutes, heute der älteste Sloweniens, war das Symbol der Familie. Max Fabiani wuchs in einem typischen k.u.k.-Ambiente auf, die Herkunft der Familie war italienisch, das Umfeld in Štanjel slowenisch und die Erziehung österreichisch. Darauf legte seine Mutter, Charlotte von Kofler, eine Patrizierin aus Triest mit Tiroler Abstammung, besonderen Wert.

Max absolvierte die Schulausbildung in Laibach und inskribierte nach der Matura an der Technischen Hochschule in Wien. Nach dem Abschluss des Studiums erhielt er das begehrte und hoch dotierte Ghega-Stipendium. Es ermöglichte ihm eine dreijährige Studienreise durch Europa. Gegen Ende der Reise erreichte ihn 1894 die Einladung Otto Wagners. Der berühmte Architekt wollte Fabiani als Mitarbeiter haben. Es folgte eine vierjährige Zusammenarbeit, ein Teil der Skizzen für die Wiener Stadtbahn stammt aus der Feder Fabianis.

Die Karriere Fabianis im Wien der Jahrhundertwende verlief glänzend: Eröffnung eines eigenen Ateliers, Ämter und Ehrungen an der Technischen Hochschule, Privatberater des Thronfolgers Franz Ferdinand in Fragen der Architektur und Kunstgeschichte. In dieser Zeit konzipierte Max Fabiani Gebäude in Laibach, Triest und Wien. Im Auftrag der Kunstfirma Artaria & Co realisierte er das Artaria-Haus am Kohlmarkt 9. Das bekannteste Bauwerk Fabianis ist sicherlich die Urania aus dem Jahr 1909. Zuvor war 1903 mit dem Trgovski Dom in Görz ein ähnliches Gebäude entstanden. Angeblich diente es 1:1 als Modell für die Wiener Urania.

Trgovski Dom am Corso Verdi in Görz

Im Jahr 1917, gegen Ende des Ersten Weltkrieges, bot man Fabiani die Leitung der Technischen Hochschule in Wien an. Fabiani lehnte ab und reiste stattdessen als Chef des Wiederaufbauamtes in das zerstörte Görz. Auch nach Kriegsende weigerte er sich, nach Wien zurückzukehren. Die Aufforderung des Rektors, seine Lehrtätigkeit wieder aufzunehmen, beantwortete Fabiani so: Er fühle sich verpflichtet, in Görz auszuhalten. Einladungen der Universitäten Charlottenburg und Laibach schlug er mit derselben Begründung aus. In den folgenden Jahren wirkte Fabiani in Görz. Er entwarf Gebäude im Wippachtal sowie im Karst. Aus dieser Schaffensperiode stammen der Umbau der Villa Ceconi in Görz und jener der Villa Ferrari für seinen Schwager sowie die Verbesserung der Wasserversorgung in Štanjel. Weiters widmete sich Fabiani dem Studium der Technologie des Steins und supplierte Kunstgeschichte am Görzer Gymnasium.

1935 übersiedelte Fabiani nach Štanjel. In den folgenden zehn Jahren lenkte er als Bürgermeister die Geschicke des Ortes. Als im Jahr 1945 die Partisanen in Štanjel einfielen, wurden Fabianis Haus, sein Archiv und seine im Laufe des Lebens gesammelten Kunstwerke Opfer der Zerstörung.

Nun übersiedelte Fabiani endgültig nach Görz. Dort führte er ein zurückgezogenes Leben, den Lebensunterhalt bestritt er von einer bescheidenen Pension. Nimmermüde im Geiste nahm Fabiani jedoch weiter an Wettbewerben teil und machte kleine technische Erfindungen. Im fortgeschrittenen Alter beschäftigte er sich mit dem Projekt eines Kanals zwischen Adria und Donau. Die Grundidee dazu stammte aus der Zeit Maria Theresias. Schon lange vor dem Bau der Eisenbahn wollte man eine zur Straße alternative Verbindung Wien–Triest schaffen.

Nach dem Zweiten Weltkrieg wurde es still um den einst so berühmten Architekten. Europa war mit der Neuordnung beschäftigt. Dem hochbetagten Fabiani war es aber noch vergönnt, von Slowenien, Italien und Österreich als »unser Max Fabiani« wiederentdeckt und von allen drei Nationen geehrt zu werden. Max Fabiani starb am 12. August 1962 im Alter von siebenundneunzig Jahren in Görz.

Max Fabiani und Brüder in Štanjel

Max Fabiani bei der Weinlese

Der Bildhauer Alfonso Canciani mit seiner Fabiani-Büste

Zeichnung im Gästebuch der Villa Faber, Attersee

»Ich habe die Stadt längst schon satt«, schrieb Fabiani am 5. August 1911 unter seine Illustration in das Gästebuch der Seevilla Faber in Aufham am Attersee. Er war gerne und oft bei der Familie des Industriellen Dr. Heinrich Faber im Salzkammergut zu Gast und baute die Seevilla 1911 schließlich um. Zu dieser Zeit befand sich Max Fabiani mit seinem Wiener Architekturbüro am Zenit des Erfolges … und sehnte sich insgeheim nach seinem stillen Štanjel?

Architektur wie Mensch sind im Karst nach innen gekehrt. Das typische Karsthaus ist grau, nur aufgeputzt, mit weißen Fensterstöcken, einer angebauten Küche samt Kamin und der Außenstiege. Damit hat sich der Luxus, den Rest bestimmt die Natur. Fensterlose Nordfassaden und tonnenschwere Steindächer – selbst die Dachrinnen sind gemauert – schützen vor der Wucht der Bora. Denn diese braust nicht selten mit hundertdreißig Kilometer pro Stunde von Norden über das Land, und das an rund achtzig Tagen im Jahr. Chaos pur, nur der Stein steht still.

Das von Menschenhand bebaute Land duckt sich hinter Mauern in Mulden und Dolinen. Mit Steinhaufen und -wällen wird die kostbare Terra Rossa vor der Erosion geschützt. Dort wo man sie lässt, beweist die rote Erde Fantasie – Wein windet sich über Pergolen, Kräuter kriechen die Reben entlang und kugelköpfige Lilien nicken huldvoll.

Grotten und Höhlen gehören zum Land wie das Salz zum Meer. Angeblich träumt jeder Karstbewohner von einer eigenen Grotte, im Idealfall möglichst nahe am Haus, denn praktisch sind die Dinger jedenfalls. Speisekammer, Weinkeller, Gefrierschrank – die Jahre, als man im Winter Eis einlagerte, um es im Sommer in Triest zu verkaufen, sind nicht allzu fern.

Der Karst ist steinig und rau, besonders in der Umgebung von Komen und Volčji Grad. Dass es sich dabei um eine Steinwüste handelt, ist aber eine Legende. Lange bevor sie entstand, war der Karst dicht bewaldet – bis die Römer Schiffe und die Venezianer eine Stadt aus den mächtigen Stämmen bauten. Das abgeholzte Land verödete. Gegen Mitte des 19. Jahrhunderts machte sich das k.k. Ministerium für Landwirtschaft mit einem umfangreichen Aufforstungsprogramm um die Gegend verdient – der Karst begann wieder zu grünen. Die weitere Geschichte ist bekannt: zwei Weltkriege, Faschismus, Partisanenkämpfe, Kommunismus.

Was wird morgen sein? Das, was gestern war – den Rest des Alphabets, kennt im Karst jedes Kind: auf **P** wie Pršut folgt **T** wie Teran, **W** wie Wasser und **Z** wie Zélen.

— *Auf dem Karst* —

In einem der letzten »typischen Karsthäuser«, …

… vierzig an der Zahl sollen es noch sein, ist in Rupingrande ein kleines Volkskundemuseum eingerichtet. Jedes zweite Jahr im August wird im Ort Monrupino die Karsthochzeit veranstaltet, eine gültige Trauung in traditionellen Trachten und mit allem an Brauchtum was dazugehört – und das vier Tage lang.

Stein …

… muss sein. In Form von Trockenmauern entlang von Straßen und Feldern oder als «typisches Haus« wie in Volčji Grad und Kobjeglava.

Das schönste Karstdorf ist wahrscheinlich Štanjel, wenngleich es Museumscharakter und nur noch wenige Bewohner hat. Auf dem Fabiani-Weg zwischen Štanjel und Kobdilj wird Stein zu Kunst und Architektur. In Aurisina bricht man ihn seit zweitausend Jahren aus dem Fels, etliche Ringstraßenpalais in Wien sind aus ihm gebaut.

Der Karst ist …

… ziegelrot wie die Erde und himbeerrot wie der Teran, türkisblau wie der Borahimmel, gelb wie der Ginster und milchig rosa, wenn der Perückenstrauch blüht. Die Mauerritzen sind grün, auch die Farnwinzlinge lieben Häuser aus Stein. Die Kräuter duften silbrig und wild. Im Herbst glüht der Karst feuerrot, selbst der Regenbogen verblasst dann vor Neid. Endlich – die Katze am Wegrand ist grau.

Karstbahn bei Štanjel

Der Karst-Geheimtipp…

… heißt Dario Zidaric. Er lebt mit seiner Familie in der Umgebung von Ternova Piccola und ist einer der Glücklichen. Gleich hinter dem Kuhstall, in siebzig Metern Tiefe, liegt seine höchstpersönliche Grotte. Darin reift sein Montasio drei bis vier Monate lang zur Spezialität. Auf Käse und Herstellung gleichermaßen stolz, lässt sich Dario sogar dazu überreden, Besucher in die Grotte mitzunehmen – vorausgesetzt man hat Alpinerfahrung und nimmt sich ein paar Stunden Zeit. Eilig darf man es auch bei der Suche nach Darios Hof nicht haben. Am besten man nähert sich über Gabrovizza, Sgonico, Sales und Samatorza und fragt stets nach Dario mit den Kühen – nicht zu verwechseln mit dem gleichnamigen Winzer. Irgendwann kommt man zu Darios Bauernhof und hat eine Rundreise auf verwinkelten Wegen durch eine bezaubernde Ecke des italienischen Karstes hinter sich.

Buchtipp:

»Il gelso dei Fabiani«, Renato Ferrari, MGS Press 1900.

Weinlese anno dazumal

Carraria
655
Cigale
Zapatok
Krstenica
Gaglians
812
Anhovo
Colobrido
Vercoglia
Loze
Mernico
Plava
Prepotto
Cosbana
Dolegna
Pertesia
612
Verhovlje
Carso
Vedrignano
Nebola
St. Martin
Quiska
Bigliana
Ruttars
Podsenica
Cosana
Medana
St. Florian
Novali
Brazzano
Vipulzano
Cerou
Mt. Quarin
269
Peoma
Valerseg
Spessa
Russitz
Mossa
Podgora
Capriva
Moraro
Lucinico
Langoris
S. Lorenzo d. Mossa
Corona
St. Andrä
Mariano
Villanova
Savogna
Farra
Romans
Merna
Gradisca
Sagrado
S. Michele
S. Martino d. Carso
200
Fogliano
Lokvica
Polazzo

Brazzano

Im Salon

Kaum ein Großer aus dem ehemaligen Küstenland versteckt sich so gut wie Alfonso Canciani. Dem Namen nach kennt fast jeder der rund fünfhundert Einwohner Brazzanos den einst so berühmten Bildhauer. Zumindest seit im benachbarten Cormons sein steinwerfender Knabe den Brunnen vor dem Rathaus ziert. In Brazzano selbst räumt man dem bekanntesten Sohn des Ortes wenig Platz ein. Immerhin erinnert sich der Obst- und Gemüsehändler auf der Hauptstraße, dass es Canciani im Wien der Jahrhundertwende bis zum Mitglied der Secession gebracht hat. Schon hält er einen Bleistift in der Hand und pflanzt einen Stammbaum auf das braune Papierstanitzel. Nur wachsen will er nicht. Wie war das doch gleich? Die Familie Banello sowie der Friseur aus dem Ort waren über sieben Ecken mit Canciani verwandt. Die Banellos wohnen schon lange nicht mehr hier, aber vielleicht wisse man im Friseursalon an der Straße Richtung Cividale mehr.

Hinter einer modernen Glasfassade am Ortsende von Brazzano bietet Renata Perisutti das an, was Frauen aus Brazzano wollen: Trockenhaube, »Waschen und Legen« und einen Schnitt mit dem Frisiermesser statt mit der Schere. Frau Perisutti ist ein alter Hase des Metiers und ein flotter noch dazu. Ihre siebzig Jahre sieht man ihr nicht an. Ein wenig wirkt sie wie Gina Lollobrigida in blond: sie ist schick gekleidet und selbstbewusst geschminkt. Es gelingt ihr tatsächlich, ein Quäntchen ihres jugendlichen Elans in Form von farbigen Strähnchen auf die Köpfe ihrer Kundinnen und unters Volk zu bringen. Seit ihrem vierzehnten Lebensjahr arbeitet Renata als Friseurin im Ort, zuerst im Geschäft ihres Vaters, später im eigenen Salon. »Natürlich weiß ich über Alfonso Canciani Bescheid«, sagt sie. Schon ihr Vater habe ihm die Haare geschnitten. Gratis, aus Freundschaft und alter Verbundenheit zu dieser Familie. »Mein Urgroßvater war der Bruder von Alfonso Cancianis Mutter, ich bin eine Cousine dritten Grades von Alfonso Canciani«, erklärt Renata, ohne nachdenken zu müssen. Auf die Fähigkeit einer Friseurin, Familiengeschichten auf den Punkt zu bringen, ist eben Verlass.

»Alfonso Canciani hat mich schon als kleines Mädchen interessiert … weil er anders war … geheimnisvoll«, sagt Renata und lässt sich nicht lange bitten, mehr zu erzählen. Die zwei Damen in der Sitzecke tragen es mit Fassung. Sie sind an eine Wartezeit von ein bis zwei Stunden gewöhnt, wenn Kuchen und Kaffee mit ein wenig Lokalkolorit serviert wird, warum nicht? Auch die Kundin, die Renata gerade von den Lockenwicklern befreit, scheint mehr auf Alfonso Canciani neugierig zu sein, als auf die Vollendung ihrer Frisur.

Renata hat ihren Cousin dritten Grades, den sie *zio* – Onkel – nannte und respektvoll mit »Sie« ansprach, gerne bei der Arbeit beobachtet. Er trug stets einen weißen Arbeitsmantel aus dessen Taschen allerlei Utensilien hervorquollen. Renata erinnert sich noch genau, warum es sie immer wieder magisch in die Hauptstraße auf Nummer 66 zog. Dort war in einem kleinen Gebäude, das wie ein Pförtnerhaus für das dahinter liegende Grundstück wirkte, die Werkstatt Cancianis untergebracht. Sie bestand aus einem einzigen Raum ohne Zwischendecke zum quadratischen Dachstuhl. In der Mitte des Zimmers wuchs eine zweieinhalb Meter große Skulptur. Ein Durcheinander von Schlangen und Menschen, deren Leiber, Arme, Beine, Fäuste und Köpfe sich ineinander verkeilten, wand sich zu Füßen einer stehenden, über alles erhabenen Figur. Die Geschöpfe verschmolzen zu einem Menschengewirr, das zugleich angsteinflößend und faszinierend war. Dieser Anblick ließ Renata als Kind nicht mehr los. »Es war für mich eine Art Mutprobe, dem Anblick möglichst lange stand zu halten«, erzählt sie. Trotz der Versicherung Cancianis, dass ihr die dunklen Gestalten nichts anhaben würden, schlief sie nach den Werkstattbesuchen schlecht. Eine andere Dame im Salon nickt bewundernd unter der Haube hervor. Aufgrund des Lärms des Gebläses kann sie wohl kaum ein Wort verstehen, aber die Gestik Renatas vermittelt Theatralik pur.

In der Zwischenzeit weiß Renata natürlich, dass die Wesen aus ihren Kinderträumen Teil der berühmten Dante-Gruppe waren. Mit diesem Kunstwerk hatte Canciani in Wien mehrere Preise gewonnen. Und so sehr sich Renata auch vor den Verdammten zu Füßen des Dichters fürchtete, so gerne ging sie Canciani doch wieder besuchen. Canciani mochte Kinder und hatte nichts dagegen, wenn sie ihm zusahen, wie er Figuren aus dem Stein meißelte oder Oberflächen polierte. Vorausgesetzt sie saßen still auf der Fensterbank und störten ihn nicht. Renata freut sich, sechzig Jahre später nicht mehr brav stillhalten zu müssen und zeichnet mit gezücktem Toupierkamm ein eindrucksvolles Bild von Canciani und seinem Dante in die Luft. Geschickt weicht die Kundin auf dem Frisierstuhl Renatas Kamm aus, wenn sie im Spiegel das spitze Ende zu nahe auf sich zukommen sieht. Auch sie kann eine Geschichte zu Canciani beitragen. Ihre Tante pflegte sich mit einer Freundin oft in den Garten des Nachbarhauses zu schleichen. Von dort konnten die Mädchen über eine Mauer in die Werkstatt Cancianis spähen. Das taten sie besonders gerne, wenn er Nacktmodelle vor sich sitzen hatte. Wurden die Mädels von Canciani bemerkt, dann schimpfte er laut, und die kleinen Spioninnen liefen kichernd davon. »Seltsam«, wundert sich Renata und runzelt die Stirn. »Canciani war ein ruhiger Mensch. Immer freundlich, ausgeglichen und vor allem bescheiden. Er hat sehr wenig gesprochen, bei der Arbeit ohnehin nie.« Große Emotionen legte Canciani nur in seine Werke, nie in seine Worte. Nur einmal sei er aus sich herausgegangen und habe Renata eine längere Geschichte erzählt.

Wieder ging es um den Dante, besser gesagt um seine Entstehung. Canciani wollte sich mit dem Entwurf eines Dante-Denkmals um den »Preis von Rom« bewerben. Gerade als Canciani mit der Arbeit begonnen hatte, bat ihn ein Freund um Hilfe. Canciani sprang ein und fuhr zu ihm nach Budapest. So verstrich wertvolle Zeit. Als Canciani nach Wien zurückkam, blieben ihm nur noch sechs Wochen, um den Dante fertigzustellen. Er arbeitete Tag und Nacht und gewann allen Widrigkeiten zum Trotz den begehrten Preis. Das Drama um den Dante war die einzige Episode aus seinem Leben, die Canciani der kleinen Renata erzählte.

»Ich habe als Kind nicht begriffen, was Canciani damals bewegt hat«, bedauert Renata. »Für mich war Alfonso Canciani immer der nette alte Herr im weißen Mantel, der mit ausgestrecktem Arm, den Daumen nach oben gerichtet, ein Auge zugekniffen, Maß nahm oder Proportionen überprüfte. Wenngleich er dabei zitterte, dass sein Daumen hin und her wackelte wie das Pendel einer Uhr. Wie hätte ich verstehen können, dass es Canciani als einer aus der tiefsten Provinz, aus einem Nest an der Grenze des Kaiserreiches, doppelt schwer gehabt hat, in Wien Karriere zu machen. Ich wusste nichts über Cancianis Leben, nichts von seinen grandiosen Erfolgen, die er letztlich als Secessionist feiern konnte. Gerade als Canciani den Durchbruch geschafft hatte, kam der Erste Weltkrieg und mit seiner Karriere war über Nacht Schluss. Und natürlich war mir nicht klar, wie schwer Canciani an diesem Schicksal getragen hat. Nach seiner Rückkehr nach Brazzano wurde er als ›Österreicher‹ geschnitten. Ein ehemaliger Secessionist aus der alten Hauptstadt war nach dem Ersten Weltkrieg bei den Faschisten in Italien nicht sehr beliebt.«

Vieles was Renata heute über Alfonso Canciani berichten kann, hat sie von dessen Tochter Nerina, die ihren Lebensabend im Geburtsort ihres Vaters verbrachte. Natürlich war auch Nerina Stammkundin im Salon. Sie ließ sich die Haare zu einer Zeit knallrot färben, als man dafür nicht für avantgardistisch, sondern für verrückt gehalten wurde. Renata hat die Erzählungen von Nerina Canciani über deren Vater und ihre eigenen Kindheitserinnerungen zu einem Gesamtbild zusammengefügt. Nach fünfunddreißig

Jahren in Wien ging Alfonso Canciani im Jahr 1919 nach Italien zurück. Er hatte das Gefühl, als gebürtiger Italiener nach dem Krieg kein Recht auf eine Existenz in Österreich zu haben. In zwei Eisenbahnwaggons übersiedelte er seine Werke nach Italien. Leider ging dabei einiges zu Bruch. Das, was heil ankam, brachte Canciani bei seiner Schwester im Haus der Familie Banello in Brazzano unter: in jenem Pförtnerhäuschen in der Via XXIV Maggio 66. Canciani bekam einen Lehrauftrag in Triest und übersiedelte mit seiner Frau und Tochter Nerina in die Stadt. »Eher ein Broterwerb, sicher nichts, was Alfonso Canciani ausgefüllt hat«, meint Renata. Cancianis Leidenschaft blieb seine kleine Werkstatt. Mit dem Zug fuhr er so oft es ging nach Brazzano, um dort zu arbeiten. Seine Schwester stellte ihm im Dachboden ihres Hauses ein Zimmer zur Verfügung, das ihm als Unterkunft diente. Die Einfachheit der Bleibe störte ihn nicht, Canciani verbrachte seine Zeit ohnehin fast ausschließlich in der Werkstatt.

»Ich war zwölf Jahre alt, als Canciani starb«, sagt Renata. Ihre Schulbildung sei mit drei Klassen Hauptschule bescheiden. Nichtsdestotrotz habe sie sich ihr ganzes Leben lang für Kunst interessiert. Sie könne nicht sagen, ob ein Werk einen großen materiellen Wert habe oder nicht, aber sehr wohl entscheiden, ob es schön sei. Renata ist überzeugt, diese Empfindsamkeit und ihren Kunstgeschmack nicht zuletzt Alfonso Canciani und den vielen Stunden als Kind in seinem Atelier zu verdanken.

So ist es kein Zufall, dass Renata ihr hart erarbeitetes Geld in ein ganz besonderes Projekt steckt. Im Jahr 2004 hat sie einen Ort weiter die ehemalige Villa des Malers Gino De Finetti gekauft. Er war ein Zeitgenosse Cancianis und stammte wie dieser aus dem Küstenland. Wie Canciani hat er nördlich der Alpen Karriere gemacht, wie Canciani war er im fortgeschrittenen Alter in seine alte Heimat zurückgekehrt. »Ich habe ein paar handschriftliche Notizen Cancianis zu Hause, aus denen hervorgeht, dass sich die beiden gekannt und gelegentlich besucht haben«, sagt Renata. Sie hat das

Anwesen Gino De Finettis mit viel Feingefühl restauriert und es zu einem Schmuckstück gemacht. Zu Recht ist es der ganze Stolz der Familie. Aber das ist eine andere Geschichte.

Alfonso Canciani und sein Dante in Venedig, 1897

Illustrirte Zeitung

Nr. 3093. 119. Bd. Berlin und Leipzig. 9. October 1902.

Cancianis Dante im Spiegel der Zeit

Cancianis Kaiserin-Elisabeth-Denkmal in Pula, 1906
(zerstört in den 1930er Jahren)

Alfonso Canciani und seine Welt

Alfonso Canciani wurde am 11. Dezember 1863 in Brazzano geboren. Schon als Kind formte er gerne Figuren aus Lehm, den er am Ufer des Flusses Judrio fand. Im Alter von dreizehn Jahren folgte er den Spuren seines Vaters und arbeitete wie dieser im Steinbruch von Aurisina und später als Steinmetz in Görz. Ohne profunde Schulausbildung, Geld und Sprachkenntnisse setzte er sich am 7. Mai 1883 in den Zug und fuhr in der Hoffnung nach Wien, einen Lebenstraum verwirklichen zu können: Er wollte Bildhauer werden. In Wien war Canciani vorerst als Steinmetz tätig bis ihm 1886 der ersehnte Sprung an die Kunstakademie gelang. Im letzten Jahr der Höheren Bildhauerklasse bei Professor Kundmann gewann er 1896 mit dem Entwurf eines Dante-Denkmals den »Preis von Rom«. Neben dreitausend Gulden Preisgeld war mit der Auszeichnung ein dreijähriges Stipendium verbunden. Der »Dante« bedeutete Cancianis Durchbruch. Die Dante-Gruppe wurde 1899 auf der dritten Biennale in Venedig ausgestellt und war 1900 in der Hauptausstellung der Secession zu sehen, wo sie mit dem »Künstlerpreis«, damals die höchste Auszeichnung für einen Künstler, prämiert wurde. Stefan Zweig schrieb eine begeisterte Rezension über das Werk. Im Jahr 1903 wurde Canciani in die Wiener Secession aufgenommen. Als Secessionist bekam er nun öffentliche und private Aufträge und schuf Büsten, Statuen, Denkmäler, Grabmonumente, Fassadenreliefs, wie zum Beispiel jenes für das Hotel Bristol, und Kleinkunstwerke. 1906 beauftragte ihn die Stadt Pula mit einem Denkmal für die Kaiserin Elisabeth.

Alfonso Caciani hatte nicht nur Bewunderer. Kritische Stimmen meinten, Cancianis Werke seien veraltet. Canciani selbst bemerkt dazu: »In Wahrheit wurde meine Vorstellung der Kunstanschauung von einem großen Teil der Secessionisten nicht geteilt. Sie tendierten, eine sogenannte moderne Kunst zu schaffen, mit der Veränderung der oberflächlichen Form, während ich der Meinung war, dass der Wert des Kunstwerks nicht nur aus der Oberfläche kommt, sondern aus der Tiefe, der Auflösung eines ›guten Gedankens‹.« Cancianis Werke zeichnen sich durch klare Formen aus, die Motive sind oft der Welt der arbeitenden Klasse entliehen.

Alfonso Canciani war Zeit seines Lebens ein zurückhaltender Mensch. Bescheiden erwähnt er in seinen Lebensnotizen, dass er sich in Wien »einen guten Namen gemacht habe.« Tatsächlich war er mit berühmten Persönlichkeiten seiner Zeit befreundet und gehörte einem Künstler- und Literatenkreis an, der sich regelmäßig im Kaffee Griensteidl traf. Gustav Klimt stellte ihm sein Atelier zur Verfügung, wenn Canciani hochrangige Kunden empfangen wollte und ihm seine Werkstatt in der Gusshausstraße zu minder erschien. Während eines Wienaufenthaltes besuchte Auguste Rodin den Bildhauer in seinem Atelier.

In seiner Wiener Zeit arbeitete Canciani eng mit dem Architekten Max Fabiani zusammen. Der um zwei Jahre jüngere Max Fabiani war der einzige Mensch aus Cancianis Arbeitsumfeld, dem er das Du-Wort angeboten hatte. Die beiden »Italiener« aus dem Küstenland verband eine enge Freundschaft. Als Max Fabiani das Artaria Haus auf dem Kohlmarkt realisierte, betraute er Canciani mit den Bildhauerarbeiten an der Fassade. In der Zeitschrift des Österreichischen Museums für Kunst und Kunsthandwerk konnte man damals lesen: »Auf der Michaelerseite des Kohlmarktes erhebt sich jetzt ein hochmoderner Neubau, der viel Stehenbleiben der Vorübergehenden verursacht. (...) An den breiten Eckpilastern wachsen in halber Höhe zwei kolossale Halbfiguren von Canciani im höchsten Relief hervor, eine weibliche und eine männliche, die sich als Natur und Kunst geben.«

Einigen prüden Wienern gefielen die halbnackten Figuren auf dem neuen Artaria Haus nicht. Im Dezember 1901 übersandten sie dem Hausherrn zwei überdimensionale Badekostüme als Weihnachtsgeschenk.

Nach dem Ersten Weltkrieg kehrten sowohl Fabiani als auch Canciani in die inzwischen italienische Heimat zurück. Fabiani ging nach Görz, Canciani nach Triest. Aus zwei Italienern in Wien waren zwei Wiener in Italien geworden. Alfonso Canciani bekam einen Lehrauftrag an der Scuola Industriale in Triest. Er war weiterhin künstlerisch tätig, aber das kulturelle Klima in Italien verhinderte, dass er erfolgreich und bekannt wurde. Alfonso Canciani starb am 3. Oktober 1955 in Triest.

Canciani im Makart-Atelier, Gusshausstraße

CORRESPONDENZ-KARTE

Herrn

Alfonso Canciani

ak. Bildhauer

Wien

Gusshausstrasse

Makart-Atelier

k.k. Erzgiesserei

Die Werke Alfonso Cancianis …

… finden sich an vielen Orten des ehemaligen Küstenlandes. Auf dem Hauptplatz von Cormons ziert ein steinwerfender Knabe den Brunnen vor dem Palazzo Locatelli – der *Lanciasassi* aus dem Jahr 1894, gegossen in den 1990er Jahren nach einem Entwurf Cancianis. Im *museo civico di Cormons* im Palazzo Locatelli befindet sich eine kleine Canciani-Sammlung. Das im Museum ausgestellte originale Gipsmodell des *Lanciasassi* beeindruckt durch die ausdruckstarke Mimik des steinwerfenden Knaben, die der Bronzefgur auf dem Hauptplatz fehlt. In der Kapelle des Palazzos steht das berühmte Dante-Denkmal. Leider gibt es keine geregelten Öffnungszeiten, man kann sich jedoch telefonisch bei der Gemeinde für einen Besuch anmelden.

Auch in Triest steht an prominenter Stelle ein »Canciani«. Die bronzene Windrose am Ende des Molo Audace ist eines der Symbole der »Stadt der Winde«, sie wurde 1925 von Alfonso Canciani geschaffen.

Auf dem Weg von Triest nach Laibach liegt die Adelsberger Grotte (Postojna jama). Aus dem wuchtigen Eckpilaster des ehemaligen Direktionsgebäudes (heute Restaurant Proteus, gleich neben dem Eingang zur Höhle) wächst ein riesiger Bärenschädel aus Kalkstein – eine Hommage an die ursprünglichen Bewohner der Höhlen. Als hätte Canciani schon 1928 gewusst, dass der Naturpark heute ein touristischer Rummelplatz ist, schaut sein Bär leicht amüsiert über das Gelände.

Will man Tasso, Dante, Petrarca und Ariosto in Marmor und überlebensgroß sehen, muss man das ehemalige Küstenland verlassen und nach Pielungo in die Villa Conte Ceconi fahren. Der Weg dorthin ist malerisch, die »Villa« ein Schloss in den Bergen. Conte Ceconi beauftragte Alfonso Canciani im Jahr 1906, seinem Schloss in Pielungo mit vier überlebensgroßen Figuren den Feinschliff zu geben. Seither stehen besagte Herren auf einem Gesims über dem Eingang und wachen über Kommen und Gehen. Canciani pflegte mit der Familie Ceconi einen freundschaftlichen Kontakt: Sowohl er, als auch Justine di Manzano, verehelichte Justine Ceconi, waren in Brazzano aufgewachsen.

Ehepaar Canciani mit Tochter Nerina

Die Steinmetzkunst …

… hat im ehemaligen Küstenland eine lange Tradition. Seit 1870 erlernen in Aurisina zukünftige Steinmetze in eigenen Schulen das Handwerk. Hobbybildhauer bekommen einen künstlerischen Zugang zur Materie »Stein« in Bildhauerkursen. Sie finden während der Sommermonate in Štanjel statt.

Steinmetzschule in Aurisina, 1930er Jahre

Residenz des Conte Ceconi in Pielungo

Tasso, Dante, Petrarca und Ariosto in Pielungo

Wohnen »da Canciani« …

… ist in Brazzano möglich. Nerina Canciani, die Tochter des Bildhauers, verbrachte ihre letzten Jahre in einer kleinen Wohnung im Ort. Ehe sie 1995 starb, vermachte sie den Großteil der noch erhaltenen Kunstwerke ihres Vaters der Gemeinde Cormons. Die Wohnstätte Nerinas ist heute ein Ferienapartment, das mit vielen Bildern und persönlichen Dokumenten an Alfonso Canciani erinnert. Genaueres erfährt man im benachbarten Agriturismo Mummelhaus.

Das Agriturismo »Villa de Finetti« …

… ist im Haupthaus des ehemaligen Besitzes der Familie De Finetti untergebracht. Es liegt im Ort Corona, nahe Gradisca. Das Gebäude stammt aus dem 16. Jahrhundert und wurde 1892 im Secessionsstil umgebaut. Der Maler Gino De Finetti wurde am 9. August 1877 als Sohn eines Eisenbahningenieurs in Istrien geboren. Er wuchs in Triest und Corona auf. 1895 inskribierte der talentierte Zeichner an der Kunstakademie in München. Bald entwickelte er seinen eigenen Stil. De Finetti verstand es, sich mit wenigen Strichen auszudrücken. Diese Gabe verhalf ihm in Berlin und Paris zu einer glänzenden Karriere als Grafiker und Karikaturist: Er entwarf Plakate für namhafte Unternehmen und illustrierte bekannte Zeitschriften.

In Frankreich pflegte er regen Kontakt mit Toulouse-Lautrec und Degas. Wie den beiden Franzosen gelang es auch De Finetti besonders gut, Bewegung festzuhalten und auf Papier zu bringen. Als die Nationalsozialisten im Jahr 1933 in Deutschland an die Macht kamen, ging De Finetti nach Italien zurück. Die letzten zwanzig Lebensjahre verbrachte er zurückgezogen auf seinem Anwesen in Corona. Gino De Finetti starb am 3. August 1955. Nach seinem Tod wurde die Villa mehrmals verkauft, zuletzt stand sie leer. Vor einigen Jahren erwarb Renata Perisutti den Besitz und restaurierte ihn mit Fleiß und Herz. Im Park stehen zwei Villen. Die kleinere stammt aus 1898 und ähnelt in Grundriss und Architektur den Bahnhöfen der Parenzana-Linie in Istrien. Kein Wunder, Gino De Finettis Vater war an deren Bau beteiligt. Das Haupthaus beherbergt ein Agriturismo, das von Renatas Sohn Massimo geführt wird. Es hat sich zum Geheimtipp entwickelt. Stilvolle Zimmer, ein großzügiger Park und Sitzgelegenheiten unter alten Bäumen garantieren beschauliche Stunden. Die Wände der Bar in den Gewölben des Erdgeschoßes zeigen eine Dauerausstellung von Werken des ehemaligen Hausherrn. Bei einem Glas Wein und Schinken in Brotteig, der Spezialität des Hauses, lassen sich die Plakate, Bilder und Karikaturen bestens studieren.

Artaria Haus, Kohlmarkt 9

Potoče
Senoset
Haberče
Žerje
Povir
276
Merče
Gorenje
Divača
1027
U.Leseče
Corgnale
Naglo
Prelože
Dane
Kačice
Gročana
Barka
Schwarzenegg
Vatovlje
Verchpolje
Micheli
Rodik
Erl B.
Cosina
Slope
812
Brezovica
Hrpelje
Tublje
Božice
Reva B.
588
Bač
Gmajnik
687
Orehek
Materia
Presnizza
Markovšina
818
Petriana
Cernotič
Gradišče
Skadanšina
1029
Slavnik
Obrov
699
Ostrich B.
Lonche
M. Podpić
Podgorje
Popecchio
835
Cristoglie
Xaxid
Villadol
Berdo
Zagrad

Die Höhlen von Škocjan

Gestatten: Mein Name ist Laurenti! Proteus Laurenti!

Die Geschichte beginnt in Wien – Naturhistorisches Museum, 1. Stock, Saal XXVIII. Der Ort erscheint Professor Hubert Trimmel bestens geeignet, um seiner Passion für Karst, Höhlen und allem was dazugehört mittels eines kuriosen Requisits Ausdruck zu verleihen.

So sieht er also aus. Von den Molchen, Echsen und sonstigen Lurchen hebt er sich allein schon durch seine Blässe ab. Nein, nicht der Professor. Dieser erfreut sich trotz Jahrgangs 1924 höchster Lebendigkeit. Vom Grottenolm ist die Rede. In Spiritus konserviert, vervollständigt er die Sammlung toter Kriechtiere aller Art. Professor Trimmel lässt sich nicht lange bitten und stellt den Olm nach den Regeln der Wissenschaft vor: *Proteus anguinus* bezeichnet die Art und Gattung, *Laurenti* lautet der Beiname nach seinem Entdecker, dem österreichischen Arzt und Naturforscher Joseph Nicolaus Laurenti. Der Professor und der Olm sind alte Freunde, sie haben einander in den tiefen Winkeln der Karsthöhlen kennengelernt. Kein Zweifel, Professor Trimmel sprüht vor Begeisterung für seine Profession, die Speläologie. Das sei der Fachbegriff für Höhlenkunde, ergänzt er freundlich.

Womit im Allgemeinen alles erklärt wäre. Schon kommt der Professor zum Detail: die Škocjanske Jame in Slowenien, knappe dreißig Kilometer von Triest entfernt. Dieser Ort, das Höhlensystem von St. Kanzian, sei ihm von unzähligen Besuchen seit mehr als einem halben Jahrhundert vertraut wie seine Westentasche. »Es ist immer wieder etwas ganz Besonderes. Ich staune jedes Mal aufs Neue, mit welcher Naturgewalt die Reka in den Höhlen und im Karst verschwindet, um nach sechsunddreißig Kilometern unterirdischem Lauf als Timavo in Italien wieder ans Tageslicht zu sprudeln.« Professor Trimmel gerät ins Schwärmen. Natürlich sei das nur die vereinfachte Version, eine anschauliche Zusammenfassung für Laien, bemerkt er, nun wieder ganz Forscher und Wissenschafter. Denn in San Giovanni bei Duino quillt ungefähr die dreifache Menge der ursprünglichen Rekaflut aus dem Karst hervor, das gesamte Plateau entwässert dorthin. Poröser Kalkstein trifft auf undurchlässigen Flysch. Wegen des Wasserreichtums der Timavoquelle befindet sich hier auch das Wasserwerk von Triest.

Die Sicherung der Wasserversorgung von Triest war Mitte des 19. Jahrhunderts auch die Triebfeder für die Erforschung der Schachthöhlen auf der Hochfläche des Karstes. Anton Lindner, ein Angestellter der k.k. Bergwerks-Producte-Verschleiss-Factorie, vermutete, die unterirdische Reka würde Triest in unmittelbarer Nähe passieren. Mit etwas Glück hätte man so das Trinkwasserproblem der Stadt lösen können. Die Annahme war nicht falsch, aber der finanzielle Aufwand, das Wasser zu nutzen, war zu groß. Was nicht verwunderlich ist, denn einen unterirdischen Stausee nebst einem drei Kilometer langen Tunnel ins Zentrum der Stadt anzulegen, wäre selbst heutzutage eine technische Herausforderung.

»Manche Forscher meinen übrigens, ein Grottenolm könne weit über hundert Jahre alt werden«, sagt der Professor und wechselt mit einem Blick auf den Olm das Thema. Er schmunzelt. Ein Proteus Jahrgang 1851 hätte somit einiges erlebt. Im Geburtsjahr des Olms erreichten die österreichischen Höhlenforscher Adolf Schmidl und Johann Rudolf den vorläufigen Endpunkt ihrer Expeditionen. Im Zuge ihrer unterirdischen Entdeckungsfahrten waren die beiden Mitte des 19. Jahrhunderts bis zum vierten Wasserfall vorgestoßen, ehe eine Flutwelle die drei Boote und die gesamte Ausrüstung weggeschwemmt hatte.

Zwanzig Jahre später begann die im Alpenverein eigens errichtete »Section für Grottenforschung« mit systematischen Vorstößen in das Reich der Unterwelt der Reka. Am 20. Jänner 1884 brachen die Höhlenforscher des Alpenvereins zu ihrer ersten großen Expedition auf. Nun sollte es mit der Erkundung der unbekannten Abschnitte erst richtig losgehen. Jedes Jahr wurden neue Wasserfälle bezwungen, Hallen und Kanäle entdeckt, Meter um Meter kämpften sich die Höhlenpioniere weiter in die geheimnisvolle Unterwelt. Und das mit primitivsten Mitteln. Wie so vielem setzte der Erste Weltkrieg auch der Erforschung der Höhlen ein Ende. Es folgte eine lange Zeit, in der wenig passierte, aber schließlich hätte der Olm im hohen Greisenalter noch erleben dürfen, wie das Gebiet im Jahr 1986 zum UNESCO-Welterbe erklärt wurde. Dafür muss sich der Proteus in erster Linie bei Albin Debevec, dem Direktor des Škocjanske Jame Nationalparks, bedanken. Und mit ihm die gesamte Region. »Albin Debevec ist ein Vordenker, einer der immer schon über Dorf- und Landesgrenzen hinausgeblickt hat. Der Schutz dieses einmaligen Naturdenkmals war sein Lebensziel«, erklärt Professor Trimmel. Was sich die Natur mit den Höhlen von Škocjan ausgedacht hat, ist wirklich einmalig. Hundertfünfzig Meter unter der Erdoberfläche liegt der größte unterirdische Canyon Europas. Imposante fünfundneunzig Meter ist er tief und abschnittsweise nur fünfzehn Meter breit – eine faszinierende Welt für sich. »Aber ohne Albin gäbe es den Park in dieser Form nicht und sicher kein UNESCO-Welterbe.« Davon ist Professor Trimmel überzeugt.

»Der Trimmel ist ein wunderbarer Mensch«, gibt Albin Debevec zwei Wochen später das Kompliment zurück. Stolz wandert sein Blick die Spazierwege unten im Tal entlang. Der Naturpark ist sein Kind und er liebt es zärtlich. Vom *Belvedere* Aussichtspunkt am Rande des Abgrundes sieht man in die Seele des Karsts. Weit vor Menschengedenken ist hier der Boden in die Tiefe eines Hohlraums gestürzt. Zurück blieb eine klaffende Wunde, über die Jahrtausende zu einem grünen Tal vernarbt. Hier entblößt sich der Karst und zeigt sein Innerstes. Diesseits, über der Besucherplattform, spannt sich das Dach eines lichten Kiefernwaldes. Harz tropft aus den Moosmänteln der Baumstämme und verklebt die Flechten an den Zweigen zu zotigen Fransen. Jenseits der Fels, aus dem das Dorf wächst. Das Gegenlicht der Morgensonne hüllt die Kirche von St. Kanzian in ein fluoreszierendes Gespinst, löst sie vom Stein und lässt sie zur Luftspiegelung werden, zum Greifen nah und doch wie aus einem anderen Land. Vom Talboden klingt das Rauschen der Reka, gleich den warnenden Stimmen der Sirenen, die den Eingang zur Unterwelt bewachen. Dass es dahinter etwas gibt, das noch beeindruckender ist als der Schlund, der sich hier auftut, ist schwer vorstellbar.

»An diesem Motiv ist noch jeder Fotograf gescheitert.« Albin Debevec fasst die großartige Szenerie pragmatisch zusammen. Er weiß, dass man seinen Park nicht auf Papier festhalten kann, sondern einfach gesehen haben muss. Darüber freut er sich. Genauso wie darüber, dass Professor Trimmel ihn und den Park unterstützt hat wie kein Zweiter. Ohne den Blick von Kirche und Tal zu lösen, spricht Albin Debevec weiter.

Überhaupt sei die Geschichte der Erforschung der Höhlen eine höchst österreichische Angelegenheit. In der Sektion Küstenland des Alpenvereins bildeten Hanke, Müller und Marinitsch das Grottentriumvirat – so wurden die drei in den Jahresberichten des Alpenvereins genannt. Primus inter pares war Anton Hanke, ein waschechter Altösterreicher. Deutschstämmig, in Brosdorf, dem heutigen Bravantice in Tschechien, geboren, brachte es der gelernte Bergwerksingenieur bis zum Leiter der Münzprägeanstalt in Triest. »Mit Verlaub, der genaue Titel lautete k.k. Obermünzwardein, eben ein typischer Österreicher«, scherzt der Direktor. Die letzte Ruhestätte Anton Hankes befindet sich auf dem kleinen Friedhof im Ort. Hanke ist auf eigenen Wunsch hier begraben, Škocjan war sein Leben. Sehr alt ist er leider nicht geworden. In der benachbarten Schlangenhöhle holte er sich eine Lungenentzündung und starb mit nur fünfzig Jahren.

»Sein Begräbnis im Jahr 1891 war sicher ähnlich berührend wie unsere Gedenkfeier vor ein paar Jahren«, vermutet Albin Debevec und liegt damit wahrscheinlich richtig. Denn Hanke hatte sich stets für die Leute in Škocjan eingesetzt. Allein die jährlichen Weihnachtsfeiern für die Schulkinder – festlich geschmückter Baum, nützliche Geschenke wie Mützen, Socken und Handschuhe und natürlich Süßigkeiten – wurde nach seinem Tod zu einer Geschichte, die man sich an kalten Tagen in den warmen Stuben immer wieder gerne erzählt. Und welche Geschichte steckt hinter dieser Gedenkfeier? »Eine völkerverbindende, auf die ich sehr stolz bin.« Die Antwort des Parkdirektors kommt prompt. Hanke war Sudetendeutscher und etliche ehemalige Brosdorfer übersiedelten nach der Vertreibung aus Tschechien nach Frankfurt. Einfach war es nicht, aber es gelang Albin Debevec tatsächlich, sie ausfindig zu machen. Im Sommer 2001 sind zwanzig von ihnen zur Gedenkfeier nach Škocjan gekommen. Nach einem kleinen Umweg über Brosdorf. Von dort haben sie Heimaterde für Anton Hanke mitgebracht. »Die Niederlegung am Grab Hankes war eine feierliche Angelegenheit und die Festrede hat natürlich der Trimmel gehalten.« Kein Zweifel, die österreichisch-slowenische Zusammenarbeit funktionierte immer perfekt, allen bürokratischen Hindernissen während der kommunistischen Ära Sloweniens zum Trotz. Wo der Wille des Albin Debevec war, dort fand sich ein Weg.

Ganz grundsätzlich geht der Herr Direktor in Škocjan gerne eigene Wege. »Kürzlich haben wir das alte Gasthaus in Matavun gekauft. Einst war es der Ausgangspunkt aller Expeditionen. Hier soll ein Seminar- und Schulungszentrum für UNESCO-Bewerber entstehen.« Wie gesagt, Albin Debevec denkt weit über die Landesgrenzen hinaus. Professor Trimmel entziffert gerade die handschriftlichen Aufzeichnungen Anton Hankes über die aufregenden Entdeckerfahrten. »Nun ja, alles in Kurrentschrift; wer außer dem Trimmel kann das heutzutage lesen und vor allem so wie er im richtigen Zusammenhang sehen«, sagt Herr Debevec. Im Besucherzentrum im Park wird es vielleicht irgendwann einen Riesenmonitor geben. »Wir wissen, in welchen unserer Höhlen Grottenolme leben, dort installieren wir eine Unterwasserkamera, so sieht man den Proteus in seiner natürlichen Umgebung.« Albin Debevec hat viele Projekte im Kopf. Bei aller Kreativität verliert er dabei ein Ziel nie aus den Augen: die Natur zu beschützen und möglichst ursprünglich zu erhalten. Ein Touristenolm, den man nach ein paar Stunden Dienst am Kunden zur Rekonvaleszenz in die Dunkelheit zurücktragen muss, so wie es in benachbarten Höhlen praktiziert wird? Dieser Idee kann der Herr Direktor nichts abgewinnen. Er will in Škocjan nur glückliche Grottenolme um sich haben, die statt im Aquarium im Esprit offener Gedanken schwimmen. Auf diese Art wurden in Škocjan stets Lösungen gefunden. Und so soll es bleiben.

Die Erforschung der Rekahöhlen (Škocjanske jame) von St. Kanzian und die »Section Küstenland des Deutschen und Österreichischen Alpenvereins«

In den Wintermonaten des Jahres 1872 fand sich in der Dreher'schen Bierhalle zu Triest allabendlich der Stammtisch einer Honoratiorenrunde ein. Ideen wurden geboren, geprüft und wieder verworfen. Doch im Sommer 1873 war eine davon reif für die Verwirklichung. Unterstützt von zweiundzwanzig Gleichgesinnten gründete Carl Freiherr von Coernig die Section Küstenland des Deutschen und Österreichischen Alpenvereins. Dreizehn Jahre später zählte der Verein bereits dreihundertfünfzig Mitglieder. Man traf sich wöchentlich und lauschte dem Vortrag des Reiseschriftstellers

Heinrich Noè über das nahe Cividale ebenso gespannt, wie dem Bericht des bekannten Afrikareisenden Dr. A. W. Mitchinson über die dunkle Zukunft des fernen Kontinents.

Der Karst mit seinen unzähligen Höhlen war nahe und der Tatendrang der Vereinsmitglieder groß. 1883 rief man die »Abteilung für Grottenforschung« ins Leben. In einer der Wochenversammlungen eröffnete Anton Hanke seinen Vortrag über die erste Exkursion in die Grotten von St. Kanzian mit den Worten: »Wie viele Rätsel auch der Karst in seinen zerklüfteten und höhlenreichen Tiefen bergen mag – hier scheint der Eingang zu denselben offenzustehen.« Sein Bericht über die Erforschung des unterirdischen Laufes der Reka begeisterte die Zuhörer. Hanke erläuterte die Lindnersche Theorie der Trinkwassergewinnung für die Stadt Triest aus den frühen 1840er Jahren und schilderte die Erstbefahrung der vordersten Höhle im Jahr 1839 durch den Brunnenmeister Johann Svetina. Die Expeditionen der Höhlenforscher Dr. Adolf Schmidl und Johann Rudolf – sie waren 1851 im Auftrag des Handelsministeriums unterwegs – beschrieb Hanke derart fesselnd, dass sich die Mitglieder bald einig waren: Erklärtes Ziel des Vereins müsse sein, den unterirdischen Verlauf der Reka weiter zu verfolgen. Der Alpenverein pachtete die Höhlen und eine neue Ära in der Geschichte der Erforschung begann.

Bereits in der Antike vermutete man, dass die Gewässer der Reka und die des Timavo teilweise ident seien. Gewissheit verschaffte man sich, indem man das Wasser einfärbte, einsalzte oder sonst wie phantasievoll markierte. In den 1920er Jahren versetzte man das Wasser gar mit ionisierten Teilchen, um so anhand der erhöhten Radioaktivität dessen Lauf verfolgen zu können. Die Alpenvereinspioniere stellten mit ihren Methoden immerhin fest, dass der Durchfluss von Škocjan bis San Giovanni bei Duino im Sommer bis zu einem Monat dauern kann. Das stillte ihren Wissensdurst aber noch lange nicht. Unter der Leitung des Grottentriumvirats Anton Hanke, Friedrich Müller und Josip Marinitsch wurden die Höhlen ab 1884 systematisch erforscht. Bis zu dreißig Höhlenfahrten pro Jahr waren nichts Außergewöhnliches. Dabei wagten sich die drei über Wasserfälle in dunkle Höhlen, ließen Boote an Tauen und Stricken in die Gischt gleiten, krochen über spiegelglatte Felsplatten, tasteten sich die Wände entlang und warfen beleuchtete Schwimmer in die Fluten, um zu beobachten, nach wie vielen Metern sie verschwinden würden. Plötzliche Wassereinbrüche nach Gewitterregen konnten den Wasserspiegel der Reka innerhalb von Stunden um zehn Meter anheben. In solchen Fällen brachten sich die Männer mit Holz- und Strickleitern in Sicherheit. Nach und nach legte der Alpenverein Wege und Brücken an, sodass sich ab dem Jahr 1885 ein sanfter Tourismus entwickeln konnte. Das Gasthaus der Familie Gombač »Zu den St. Canzianer Grotten« war Ausgangspunkt einer damals noch abenteuerlichen Tour. Dort löste man eine Eintrittskarte, mietete einen Führer und trug sich ins Fremdenbuch ein. Und wäre das Buch in den Zwanzigerjahren des 20. Jahrhunderts nicht verbrannt, so könnte man den Einträgen entnehmen, dass Sigmund Freud in den Ostertagen des Jahres 1898 durch die Höhlen wanderte – dreieinhalb Stunden lang und gemeinsam »mit dem Herrn aus Wien, Karl Lueger«, wie Freud am 14. April 1898 in einem Brief an Wilhelm Fließ bemerkte. Unter welchen Umständen der weltoffene Begründer der Psychoanalyse mit dem antisemitischen Bürgermeister Wiens zusammengetroffen ist, lässt sich nicht sagen.

Drei Jahrzehnte lang wurden die Höhlen von der Sektion Küstenland verwaltet, dann folgten raue Zeiten. Nach dem Ersten Weltkrieg rissen italienische Faschisten die Tafeln mit den Namen der mutigen Entdecker von den Wänden und warfen sie in die Reka. Höhlen, Wasserfälle und Gänge bekamen italienische Bezeichnungen, das Fremdenbuch wurde 1923 verbrannt. Nach dem Zweiten Weltkrieg verpestete gar eine Fabrik am Oberlauf der Reka das Wasser und die Höhlen verwandelten sich in eine stinkende Kloake. Erst im Vorfeld der UNESCO-Bewerbung erfüllte die Regierung alle Umweltschutzauflagen. Und seit 1986 verzaubert die Wunderwelt der Höhlen von St. Kanzian bis zu hunderttausend Besucher pro Jahr.

Alpenvereinspioniere auf dem Weg in die Höhle

Gasthaus zu den Grot
J.GONBAC.
"ALLE GROTTE
DI ST. CANZIANO."
ZU DEN
H. ST.CANZIANER GROTTEN.

Gasthaus Gombač in Matavun

Mit vereinten Kräften

Helfer aus dem Dorf

Neue Wege entstehen

Gestatten: Mein Name ist Proteus Anguinus Laurenti!

Im Jahre 1768 veröffentlichte der Wiener Arzt Josephus Nicolaus Laurenti ein Manuskript mit dem Titel *Il Dragone* (der Drache), in dem er ein seltsames kleines Tier beschrieb, den Proteus anguinus: »Der Grottenolm ist ein Schwanzlurch, pigmentlos, bleich und blind. Er ist bis zu dreißig Zentimeter lang und hat zwei Arme und zwei Beine.« Angeblich erreichen Grottenolme ein Alter von über hundert Jahren und können sechs Jahre ohne Nahrung auskommen. Der Proteus lebt ausschließlich in den Höhlen des Karstes.

Rund zweihundert Jahre später kommt der Name des Grottenolms auch in der Literatur zu Ehren. In den Kriminalromanen von Veit Heinichen ermittelt ein Commissario Proteo Laurenti. Er ist von Süditalien nach Triest versetzt worden und wundert sich, dass sein Name hier mit einem leisen Schmunzeln wahrgenommen wird.

Škocjan und Umgebung

Der Park …

… von Škocjan beschränkt sich nicht auf die Unterwelt. Auch über der Erde erwartet den Besucher einiges. Im Dorf Škocjan lebten zur Zeit Hankes rund fünfzig Personen. Heute harrt die betagte Albina als letzte Bewohnerin von Škocjan in einem Museumsdorf aus. Neben der Parkverwaltung sind in den fachkundig restaurierten Häusern kleine Ausstellungen über die Erforschung der Höhle sowie über Archäologie und Landeskunde untergebracht.

Ein Ausflug vom Collio in die Höhlen von Škocjan ist im Winter eine originelle Abwechslung. Dort friert man bestimmt nicht. Die Temperatur beträgt ganzjährig zwölf Grad, die eisige Bora bläst nur draußen. Um sich vor ihr zu schützen, tragen die

Bäume pelzige Moosmäntel und die Zweige wollige Flechtenkleider. Im Winter versteht man das steinige, schroffe Wesen des Karstes vielleicht am besten und staunt gleichzeitig darüber, wie fragil und grün er selbst zu dieser Jahreszeit sein kann. Sehr zu empfehlen: der Blick auf Škocjan vom Belvedere Aussichtspunkt!

St Kanzian vor rund hundert Jahren

Die größte, die schönste, die längste, die bekannteste …

… und weitere sechstausend Höhlen im slowenischen Karst gibt es zu erforschen. Glaubt man Sigmund Freud, dann ist die *Divaska jama,* seinerzeit Kronprinz-Rudolf-Grotte, im benachbarten Divača die schönste. Wegen der bizarren Stalaktitenformationen, so schrieb er in einem Brief. Oder vielleicht auch nur deswegen, weil sein kauziger Führer, ein Trunkenbold von Welt und nebenbei Entdecker der Grotten, auf die Frage, wie er die Höhlen empfinde, geantwortet haben soll: »Das ist wie mit den Frauen, je weiter man geht, desto schöner wird's!«

Die *Grotta gigante* nimmt für sich in Anspruch die größte zu sein. Sie befindet sich oberhalb von Triest und wurde Mitte des 19. Jahrhunderts im Zuge der Erforschung des unterirdischen Laufes des Timavo entdeckt. Im Guinness Buch der Rekorde scheint sie als »größte Schauhöhle der Welt« auf, was sich auf die Ausmaße der riesigen, unterirdischen Halle bezieht (Höhe: 98 Meter, Breite: 76 Meter, Tiefe: 168 Meter). Der längste unterirdische Canyon der Welt ist jener im Höhlensystem der Škocjanske jame.

Die mit Abstand bekannteste Höhle ist die Adelsberger Grotte nahe der slowenischen Ortschaft Postojna. Professor Trimmel weiß auch warum. In der Monarchie gab es ein Lesebuch für Volksschulen. Das erste Kapitel war dem Kaiser vorbehalten, dann folgte eine Beschreibung von Wien. Bereits das vierte Kapitel handelte von der Adelsberger Grotte, sodass diese jedem Volksschüler der Monarchie von Galizien bis ins Küstenland ein Begriff war. Viele Menschen kennen sie heutzutage zumindest dem Namen nach.

Das Grottenfest …

… wurde im Jahr 1885 erstmals gefeiert. Es war als Exkursion von Triest nach Škocjan, mit einer kleinen Feierlichkeit vor Ort angelegt. Die Skepsis der einen, was es denn dort zu sehen gäbe, wurde von den anderen sogleich entkräftet: »Nu, zumindest die vielbesungenen slowenischen Mädchen!« Zwar enttäuschten laut Chronik des Alpenvereins die Mädchen, doch umso mehr begeisterten die Grotten. In den Folgejahren mauserte sich das Grottenfest in Škocjan zu einem gesellschaftlichen Höhepunkt im Vereinsleben. 1911 feierte man das letzte Mal für lange Zeit – bis im Jahr 2007 die Idee wiederbelebt wurde.

An den Tagen des Grottenfestes des 21. Jahrhunderts ist der Eintritt in die Höhlen frei. Mit historischen Karbidlampen beleuchte Wege führen zu einigen spektakulären Aussichtspunkten, die während der übrigen Zeit gesperrt sind.

Wer nach so viel Natur, lieber Kultur bevorzugt …

… findet diese eine halbe Autostunde von Škocjan entfernt. Dort träumt der Ort Hrastovlje vor sich hin. Die trutzige Wehrkirche aus dem 14. Jahrhundert beherbergt einen einmaligen Kulturschatz. Die Totentanzfresken von Hrastovlje sind großartig, in jeder Beziehung aus einer anderen Welt. Der Abstecher ist ein Muss!

Die Quellen des Timavo …

… liegen bei San Giovanni di Duino neben der stark befahrenen Bundesstraße und sind leicht zu übersehen. Die beste Orientierung bietet ein »Kirchlein in der Au« etwas abseits der Straße, auch San Giovanni in Tuba genannt. Mag der Ort auch etwas von seinem Zauber eingebüßt haben, so spürt man doch die Magie eines Platzes, von dem bereits der römische Schriftsteller Plinius geschwärmt hat.

In San Giovanni findet man Beschaulichkeit pur: einen mild gestimmten Karst, der die Wasser der Reka freigibt; die drei Quellen des Timavo, die nach Tagen der Dunkelhaft verhalten aus dem Felsspalt strömen; uralte Baumriesen; um die Kirche verstreute Gräber, vergessen, wie die Erinnerung an die Toten; mystische Gewächse, die betörend duften – Stille und Stillstand. Kaum zu glauben, wie wild und ungestüm sich die Reka vierzig Kilometer entfernt bei Škocjan in die Unterwelt stürzt.

Vorgeschichte

Die Sommer meiner frühen Kindheit habe ich mit meinen Großeltern in Grado verbracht. Meine Erinnerung an die Reise an die Adria setzt in den Morgenstunden ein, wenn wir nach mehreren Stunden Fahrt die italienische Grenze erreichten und ich langsam munter wurde. Linz hatten wir mitten in der Nacht verlassen. Wahrscheinlich weckte mich die Unruhe der Großmutter, die ihre Handtasche angespannt nach den Pässen durchsuchte. Grenzüberschreitungen waren in den Sechzigerjahren noch eine ernste Angelegenheit. Bei der Ausreise führten sie zu jenem hektischen Kramen in Fächern und Taschen, bei der Rückreise nach Österreich ließ die Frage des Grenzbeamten, ob wir etwas zu verzollen hätten, den Puls schneller werden. Selbstverständlich deklarierten wir nichts. Nie! Erst erfolgreiches Schmuggeln verlieh den »Lederklapperln« vom Wochenmarkt italienischen Chic und veredelte den Chianti in den Korbflaschen.

Unsere Aufenthalte in Grado hatten einen bestimmten Grund. Ich war chronisch krank und der Hausarzt meinte, Grado wäre gut für meine Nieren. Daher wurde ich täglich für eine mir unerträglich lang erscheinende Zeit bis zum Bauch im Sand vergraben, während die anderen Kinder im seichten Wasser herumtollen durften. Meine Großeltern spürten, dass sie mir für diese Behandlung etwas schuldig waren. Folglich fand ich es völlig in Ordnung, dass sich meine Großmutter während eines Abendspazierganges samt Stöckelschuhen von der Kaimauer ins brackige Hafenwasser stürzte – vielleicht war sie auch nur gestolpert – um meinen roten Plastikdelfin, der sich von seiner Zwirnleine gelöst hatte, vor dem Ertrinken zu retten. An anderen Abenden fuhren wir mit dem Austin der Großeltern in einen nahen Luna-Park. Irgendwo auf das Festland, jedenfalls in eine Pineta, denn an den Geruch von Harz und an das Gebrüll der Grillen erinnere ich mich noch genau. Kamen wir ins Hotel zurück, saßen meine Stofftiere, vom Stubenmädel täglich anders drapiert, auf dem Bett und warteten gespannt, was ich ihnen erzählen würde. Ich brachte ihnen italienisch bei: »Gelato«. Mehr brauchten sie nicht zu wissen. Kurzum, mein Kinderglück war so gut wie vollkommen ... wären da nicht diese Sandbäder gewesen. Meine Großmutter stopfte erbarmungslos jedes Loch, durch das sich eine Zehe oder ein Knie mühsam durch den glutheißen Sand in die Freiheit zu kämpfen versuchte.

Mein Großvater tat sein Bestes. Um mir mein Sandmartyrium zu verkürzen, erzählte er mir von einem Zauberer, der in Miramare in einem prachtvollen weißen Schloss an der Steilküste vor Triest wohnt. Ich konnte kaum erwarten, ihn zu sehen. Sehnsüchtig spähte ich aus meinem Sandloch über den weiten Golf, der Grado von Triest trennt, und war mir sicher, im dunstigen Blau die Umrisse eines Gebäudes mit Turm zu erkennen. Tatsächlich ist es selbst an klaren Tagen schwer, Miramare auf diese Entfernung auszumachen. Für mich war es gänzlich unmöglich. Denn ob der Sorge um meine Nieren war niemandem aufgefallen, dass ich kurzsichtig wie ein Maulwurf war. Ich navigierte mich anhand von Umrissen, Geräuschen, Farben und Gerüchen nicht ungeschickt durch meine Kinderwelt, und was ich nicht sehen konnte, stellte ich mir einfach vor. Wie den Zauberer in seinem Schloss. Der ersehnte Ausflug in die Residenz des Erzherzogs Maximilian entwickelte sich zu einer spannenden Suche nach dem Zauberer in jedem Winkel des Schlosses und in den üppigen Blumengärten – solange bis die Großeltern alles besichtigt hatten, was auf ihrer Liste gestanden war. Den Zauberer trafen wir nicht, er war kurzfristig verreist, ein magischer Notfall. Mein Großvater wusste als einer seiner besten Freunde natürlich genau Bescheid, wohin er fortgeeilt war.

Ich bin ihm damals nie begegnet, dem Zauberer in seinen wallenden Gewändern, den spitzen Zauberhut tief in der Stirn. Doch wenn ich heute, knapp fünfzig Jahre später, auf dem Weg nach

Triest bei Schloss Miramare anhalte, dann höre ich meinen Großvater erzählen. Sobald ich die Brille abnehme, kehren die Farben und die Geräusche meiner Kindheit zurück. Dann hören Kinderohren das Schlingern der Boote im Hafen. Kinderaugen sehen die gesamte Palette an Farben, die der Zauberer nach seinen Geheimrezepten mischt, um damit Himmel und Meer um Grado zu bemalen, und ein Kinderherz weiß, dass ihm der Großvater nun schon seit vielen Jahren dabei hilft.

Die Freude am Zuhören ist mir seit meiner Kindheit geblieben. Vor ein paar Jahren habe ich begonnen, die Erzählungen von Menschen aus Friaul und Slowenien aufzuschreiben. Unter dem Titel »Wein für Wien, Wasser für Štanjel« erschien 2010 die erste Auflage einer Geschichtensammlung aus der Region. Menschen aus dem ehemaligen k.u.k. Küstenland erinnern sich an die Zeit ihrer Eltern und Großeltern und an die bewegte Vergangenheit dieses Landstriches.

Ich hoffe, dass es mir mit der wesentlich erweiterten Neuauflage gelingt, die Welt von gestern aufleben zu lassen, sie in den Erzählungen der Menschen einzufangen und ihr so möglichst viele Gesichter zu geben.

Christine Casapicola

Dank

Mein besonderer Dank gilt den Menschen, die mir bereitwillig Einblick in ihre Familiengeschichten gewährt haben. Ohne sie gäbe es dieses Buch nicht:

Mariella Franco, Gorizia, 19. Jänner 1942–20. November 2007
Srečko Tretiach, Santa Croce, geb. 3. Jänner 1930
Rino Lombardi, Triest, geb. 3. Februar 1965
Paolo Pizzul, Cormons, 22. Februar 1924–12. Juni 2008
Dott. Domenico Rossetti de Scander, Triest, geb. 19. Juni 1968
Darinka Kravanja-Pirc, Bovec, geb. 14. August 1910
Erika Auchentaller, Südtirol, geb. 16. Juni 1940
Nora de Karwin, Toronto, geb. 28. April 1931
Carolina di Levetzow-Lantieri, Görz, geb. 24. September 1955
Bruno Podveršič, Gradno, 4. Februar 1926–21. Jänner 2013
Thomas Kitzmüller, Brazzano, geb. 21. Februar 1968
Maks Prodan, Štanjel, geb. 18. November 1939
Renata Perisutti, Brazzano, geb. 15. Dezember 1943
Dipl. Ing. Albin Debevec, Škocjanske jame, geb. 13. Dezember 1943
Mag. Dr. Hubert Trimmel, Wien, geb. 12. Oktober 1924

Herzlich gedankt sei auch Frau Inge Baldinger für ihre kritischen Anmerkungen zum Manuskript und Robert Sedlaczek für das Lektorat.

Aus ganz unterschiedlichen Gründen bedanke ich mich aufrichtig und in alphabetischer Reihenfolge bei:

Paolo Berger, Triest
Igor Devetak, Görz
Familie Gregor, Wien
Norbert Gschaider, Traun
Hans Kitzmüller, Brazzano
Silvia Klainscek, Görz
Giovanni Battista Panzera, Cormons
Herkno Saksida, Dobrovo
Stefan Švagel, Štanjel
Bruno Volpi Lisjak, Triest

Ortsnamenverzeichnis

Italienisch	*Slowenisch*	*Deutsch*
Aidussina	Ajdovščina	Haidenschaft
Aisovizza	Ajšovica	Aisowitz im Rosenthal
Aquileia	Oglej	Aquileja
Aurisina	Nabrežina	–
Barcola	Barkovlje	–
Bled	Bled	Veldes
Brazzano	–	–
Canale d'Isonzo	Kanal	Kanal
Caporetto	Kobarid	Karfreit
Carso	Kras	Karst
Dobra	Dobrovo	–
Cobidil	Kobdilj	–
Collio	Brda	–
Comeno	Komen	Komein
Contovello	Kontovelj	–
Cormons	Krmin	Karmin
Cosana	Kozana	–
Cosbana	Kožbana	–
Cristoglie	Hrastovlje	–
Divaccia	Divača	Divatscha
Dolegna	Dolenje	–
Dornovico	Drnovk	–
Duino	Devin	–
Gabrovizza	Gabrovec	–
Gorizia	Gorica	Görz
–	Gonjače	–
Gradisca	Gradiška	–
Gradno	Gradno	–
Grado	Gradež	–

Italienisch	*Slowenisch*	*Deutsch*
Grignano	Gerljana	–
Isonzo	Soča	Isnitz
Jesenice	Jesenice	Assling
–	Kranjska Gora	Kronau
Lubiana	Ljubljana	Laibach
Matauno	Matavun	Mattaun
Medana	Medana	–
Monfalcone	Tržič	Neumarkt
Monte Santo	Sveta Gora	Hl. Berg zu Görz
Montespino	Dornberk	Dornberg
Monte Tricorno	Triglav	–
Most na Soči	Santa Lucia	–
Passo d. Moistrocca	Vršič	Werschetz Pass
Passo di Predil	Predel	Predil Pass
Piedicolle	Bohinj	Wochein
Plessiva	Plešivo	–
Plezzo	Bovec	Flitsch
Postumia	Postojna	Adelsberg
Prevallo	Razdrto	Präwald
Prosecco	Prosek	–
Rifembergo	Branik	Reifenberg
Rupingrande	Repen	Großrepen
Rupinpiccolo	Repnič	Kleinrepen
Salcano	Solkan	Salcan
Sales	Salež	–
Samatorza	Samatorca	–
San Canziano	Škocjan	St. Kanzian
SanDaniele d. Carso	Štanjel	St. Daniel am Karst
San Floriano	Števerjan	St. Florian
SanMartino d. Quisca	Šmartno	–

Italienisch	*Slowenisch*	*Deutsch*
Santa Croce	Križ	–
Sempasso	Šempas	Schönpass
Sgonico	Zgonik	–
Sistiana	Sistjana	–
Serpenizza	Srpenica	Sterpenitz
–	Soča	–
Ternova Piccola	Trnovca	–
Tolmino	Tolmin	Tolmein
Trieste	Trst	Triest
Vercoglia	Vrholje	–
Vipacco	Vipava	Wippach
Visnovicco	Višnjevik	–
Volci	Volčji Grad	–

Quellenverzeichnis:

Landkarten
Ausschnitte aus: Lechner's Generalkarten; Küstenland 1 : 300.000, R. Lechner (Wilh. Müller) k.u.k. Hof- und Universitätsbuchhandlung, Wien um 1900.

Auf der Suche nach dem »Nizza Österreichs«
Franz Xaver Zimmermann (1876–1959), aus: Görz. Johann Leon, Klagenfurt 1918, S. 24, S. 18, S. 44, S. 42, S. 69 f., S. 9 f., S. 11 f.,

Nächstes Jahr im Küstenland
Briefe Emma Auchtallers: Auchentaller Archiv, Südtirol.

Weit weg von Wien
Briefe Nora Gregors: Bestand der Familie Gregor, bzw. Archiv des Fürstlich Starhemberg'schen Familien- und Stadtmuseum, Eferding.

Früchte des Südens
Maximilian Ripper (1864–1928), aus: Der Karster »Terrano« – Eine önologisch-chemische Studie, Im Selbstverlag des Verfassers, Görz 1910, S. 4.
Conte Silverio Baguer de Corsi y Ribas (1838–1927), aus: Cronaca d'amministrazione, 1880–1914, Dobrovo, Brda.

Im Salon
Quelle: »Alfonso Canciani a Vienna«, Hans Kitzmüller, Del Bianco Editore, Udine 1984.

Wein für Wien, Wasser für Štanjel
Heinrich Noè (1835–1896), aus: Deutsches Alpenbuch, Die Ost-Alpen, Zweiter Band, Glogau (ohne Jahr), S. 321; S. 322; S. 221.

Bildnachweis

Auf der Suche nach dem Nizza Österreichs
Alle Abbildungen aus dem Privatarchiv Giovanni Battista Panzera, Cormons.

Von roten und blauen Fischen
Alle Abbildungen aus dem Privatarchiv Bruno Volpi Lisjak, Triest; ausgenommen: Abbildung Fischer von Contovello: aus dem Bestand der Autorin.

Im Laboratorium des Herrn Lombardi
Abbildungen Borgo Teresiano und Piazza Goldoni 1956: aus dem Archiv Foto omnia di Ugo Borsatti, Triest.
Alle Abbildungen Winter 1929 aus dem Archiv der Biblioteca nazionale slovena e degli studi, Triest.
Foto Barcolana: aus dem Bestand der Autorin.

Im Kirschgarten des Kaisers
Alle Abbildungen aus dem Privatarchiv Giovanni Battista Panzera, Cormons.

Das Geheimnis des Domenico Rossetti
Alle Abbildungen aus dem Privatarchiv Giovanni Battista Panzera, Cormons.

Und dann singt sie »Gott erhalte …«
Alle Abbildungen aus dem Bestand von Frau Darinka Kravanja-Pirc, Bovec;
ausgenommen: Abbildung Isonzotal nördlich von Görz: aus dem Privatarchiv Giovanni Battista Panzera, Cormons.

Nächstes Jahr im Küstenland
Abbildungen des Fortino sowie Fotos von Josef Maria und Emma Auchentaller aus dem Auchentaller Archiv, Südtirol.
Foto: »Seebad Grado« 1906, Farblithografie; Druck Albert Berger Wien. Wien Museum.
Abbildung der Villen Reale und Azzurra: aus dem Bestand des Hotel Savoy, Grado.
Alle anderen Abbildungen aus dem Privatarchiv Giovanni Battista Panzera, Cormons.

Weit weg von Wien
Alle Abbildungen: Privatarchiv Igor Devetak, Gorizia;
ausgenommen: Abbildung Karl, Nora, Norbert und Theodolinde Gregor, 1911: aus dem Bestand der Familie Gregor.

Rosen, Mond und Sterne
Abbildungen Gräfin Clementina Lantieri di Paratico, 1880; Carolina di Lantieri-Levetzow mit Familie; Palazzo Lantieri gartenseitig und Palazzo Lantieri, Zeichnung von Arch. Paolo Caccia Dominioni 1964: aus dem Archiv des Palazzo Lantieri.
Alle anderen Abbildungen: aus dem Bestand der Autorin.

Kaiserschmarren und Cuguluf
Alle Abbildungen aus dem Privatarchiv Giovanni Battista Panzera, Cormons.

Oliven, Rebula und das Schwein in uns
Alle Abbildungen aus der Fotosammlung Dr. Boris Orel, 1953 im Archiv der Burg Dobrovo, Slowenien;
ausgenommen: Abbildung Gradno: aus dem Privatarchiv Giovanni Battista Panzera, Cormons.

Durch den Berg
Alle Abbildungen aus dem Privatarchiv von Dr. Hans Kitzmüller, Brazzano.

Wein für Wien, Wasser für Štanjel
Abbildungen Maulbeerbaum der Fabianis vor rund 100 Jahren, Kobdilj Nr. 39; Max Fabiani und Brüder; Max Fabiani bei der Weinlese; Karstbahn bei Štanjel: Fotoarchiv Ustanova Maks Fabiani (Maks Fabiani Foundation), Štanjel, Slowenien.
Abbildungen Štanjel, 1901 und Trgovski Dom am Corso Verdi in Görz: Privatarchiv Giovanni Battista Panzera, Cormons.
Abbildung Alfonso Canciani und seine Fabiani Büste: Privatarchiv Dr. Hans Kitzmüller, Brazzano.
Abbildung Zeichnung im Gästebuch der Villa Faber, Attersee: aus Aufhamer Chronik von DI Mag. Franz Arnfelser, Aufham.
Abbildung Weinlese anno dazumal: aus dem Archiv der Biblioteca nazionale slovena e degli studi, Triest.

Im Salon
Alle Abbildungen aus dem Privatarchiv Dr. Hans Kitzmüller, Brazzano;
ausgenommen: Abbildung Steinmetzschule in Aurisina, 1930er Jahre: aus dem Archiv der Biblioteca nazionale slovena e degli studi, Triest.

Gestatten: Mein Name ist Laurenti! Proteus Laurenti!
Alle Abbildungen aus dem Fotoarchiv Park Škocjanske Jame, Škocjan, Slowenien;
ausgenommen: Abbildung Gasthaus Gombač in Matavun: aus dem Bestand der Autorin.

Gedruckt im März 2014
von Poligrafiche San Marco di Cormons (GO)
Satz: Denise Tepeköylü